おもしろさの
やりくり
うれしさの
やりくり

写真　松浦弥太郎

暮しの手帖

続・わたしの暮らしのヒント集

目次

絵　秋山　花

濱﨑龍一さんの ごちそう 野菜料理

いつもの野菜を使って作る
ひと味違った野菜料理を、
「リストランテ濱﨑」の
濱﨑龍一さんに教わりました。
身体にもやさしい、
野菜たっぷりのごちそうです。
家族や友人、みんなの喜ぶ顔を
思い浮かべながら、
ひと手間かけて作ってみましょう。

料理　リストランテ濱﨑　濱﨑龍一
写真　川村隆　スタイリング　高橋みどり

週末のごちそうパスタ

カヴァティエッディのラグー和え

カヴァティエッディは、指で弾くようにして気軽に作れる、シンプルな手打ちパスタ。もっちりとした歯ごたえがあり、指の跡の溝に、冬野菜のソースがたっぷりからみます。

材料（2人分）

A　カヴァティエッディ
- デュラム・セモリナ粉…100g　•強力粉…120g
- ぬるま湯…90g　•塩…2〜3つまみ
- エクストラバージンオリーブ油（以下EXVオリーブ油）…大サジ1杯

B　ラグーソース
- ブロッコリー、カリフラワー…各8房（ともにゆでて約100g）
- ガーリック油（作り方は6頁参照）…大サジ2杯
- ガーリック油のにんにく…3片
- 無塩バター…15g
- アンチョビ（フィレ）…3〜4枚　•唐辛子…1本
- 塩…適量

C　仕上げ
- イタリアンパセリ…適量　•塩…適量
- チキンブイヨン、クルトン（ともに作り方は6頁参照）…適宜
- EXVオリーブ油…大サジ1杯

作り方

A　カヴァティエッディを作る

1　ボールにぬるま湯と塩、EXVオリーブ油を入れて、よく混ぜます。

2　別のボールにデュラム・セモリナ粉と強力粉を混ぜ合わせ、そこに1を少しずつ注ぎ（a）、混ぜてまとめます。ひとつにまとまったら、まな板の上などで腰を入れて練り、表面にツヤが出たら（b）ラップに包んで、常温で1〜2時間寝かせます。

3　2を少し押しつぶし、庖丁で適当な大きさに切ってから、直径1㎝弱のひも状にのばします。長さ2〜3㎝に切ります。

4　3を人さし指と中指で前に押しつぶし、次に後ろに引いて、カヴァティエッディを作ります。バットに入れ、デュラム・セモリナ粉（適量・分量外）を振ります。

2-a

2-b

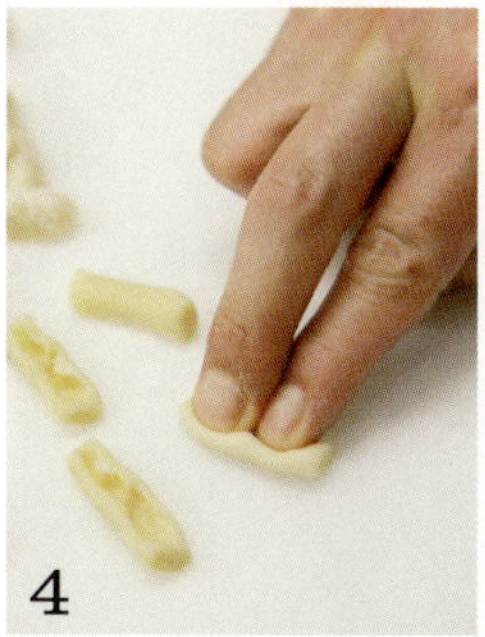
4

B　ラグーソースを作る

5　ブロッコリーとカリフラワーは歯ごたえが残る位に下ゆでし、細かく切ります。

6　フライパンにガーリック油を入れて中火にかけ、にんにく、バター、ざく切りにしたアンチョビ、種を取り除いた唐辛子を入れます。アンチョビがプクプクと泡立ってきたら、唐辛子を取り除き、5を加えて軽く炒

5

6

※料理に使っている大サジは15㎖、小サジは5㎖です。4〜11頁の料理を3人分以上で作りたい場合は、全ての材料を比例して増やしてください。

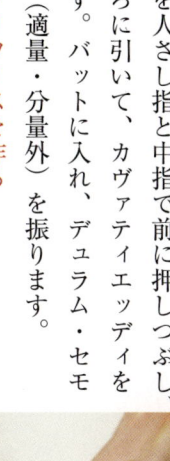

めます。味をみて、塩で味をととのえます。

C 仕上げる

7 カヴァティエッディは塩を入れた湯で6~7分ほどゆで、湯をきります。湯は2ℓ、塩は20gがめやすです。

8 7を6のフライパンに入れて弱火にかけ、みじん切りにしたイタリアンパセリを加えて和えます。水分が足りずパサつくようなら、チキンブイヨンまたはゆで汁を加えます。もう一度味をみて塩で味をととのえ、器に盛ります。EXVオリーブ油を振りかけ、好みでクルトンを散らして出来上がりです。

◎おいしさのヒント

- カヴァティエッディは南イタリアに伝わるニョッキのひとつで、家庭の食卓にもよくのぼります。本場ではデュラム・セモリナ粉のみで打つのが一般的で、コシがある生地は、火を通してものびにくいのが特長。その反面、かたくてやや打ちにくいので、今回は強力粉とブレンドしました。デュラム・セモリナ粉が入手しにくい場合は、強力粉のみでもおいしく作れます。
- のびにくいパスタなので、大皿にたっぷりと盛り、食卓で取り分けて味わうのもおすすめです。
- ソースは野菜の食感を残して仕上げていますが、好みによっては手順8でチキンブイヨンまたはゆで汁を適量加え、パスタごと煮込んでも。ゆで汁の場合、塩分を含んでいるので、塩加減に注意しましょう。

〈ガーリック油、チキンブイヨン、クルトンの作り方〉

●ガーリック油

7頁のスパゲッティーニや、肉や魚のソテーにも使えます。レシピは作りやすい分量で次の通り。常温で2日間ほど風味良く味わえ、にんにくを取り出しておけば、さらに長く味わえます。

- ピュアオリーブ油…150㎖
- にんにく…4片

1 小鍋にピュアオリーブ油と、半分に切って芯を取ったにんにくを入れ、中火にかけます。

2 にんにくがプクプクと泡立ったら弱火にし、軽くきつね色に色づいたら火を止め、そのまま冷まします。

●チキンブイヨン

いわば洋風ダシで、8頁のスープなどにも使います。約1ℓ分のレシピは次の通りですが、余った場合は翌日中に使い切るか、小分けにして冷凍保存するとよいでしょう。

- 鶏もも骨つき肉…1本（約240g）
- 玉ねぎ（乱切り）…160g
- にんじん（角切り）…100g
- セロリ（長さ2cm位のぶつ切り）…60g
- 水…1.5ℓ
- 黒粒コショー…小サジ$\frac{1}{2}$杯

1 鶏肉は熱湯でさっと湯通しします。好みで、皮と脂身を取り除きます。

2 鍋に1の鶏肉を入れ、野菜と水、コショーを加えて中火にかけます。

3 煮立ったらアクを取って弱火にし、煮汁が$\frac{2}{3}$位の量になるまで30~40分煮込みます。鶏肉を取り出し、煮汁をザルなどでさっと漉して、出来上がりです。

●クルトン

食パンなど、家にあるパンを使って簡単に作れます。

- パン、サラダ油…各適量

1 パンの白い部分をちぎってフライパンに入れ、サラダ油を多めにひき、焦げないように注意しながら中火で熱します。

2 薄くきつね色に色づいたらすぐに火を止めて、キッチンペーパーの上で油をきります。

鴨肉と焼きねぎと春菊のスパゲッティーニ

相性抜群の「鴨ねぎ」に、春菊。
和風の鍋料理の具材をペペロンチーノに仕立てます。

材料（2人分）
・スパゲッティ…１２０ｇ　・合鴨肉…１４０〜１６０ｇ
・長ねぎ（白い部分）…2本　・春菊…4〜6本
・ガーリック油（作り方は6頁参照）…適量　・サラダ油…適量
・塩、黒コショー…各適量　・ガーリック油のにんにく…1片
・唐辛子…1本　・EXVオリーブ油…適宜

作り方

1　鴨肉は薄皮や細かい毛などを取り除き、皮面に細かく格子状に切れ目を入れます。両面に、少し強めに塩・コショーをします。

2　フライパンにガーリック油を入れて中火にかけ、1を皮面からじっくり焼きます。鴨は脂身が多いので、油は少なめにします。皮がカリカリになったら裏面をさっと焼きます。アルミホイルに包み、コンロの近くなど温かいところで7〜8分ほど休ませ、余熱で中まで火を通します。

3　長ねぎは6cm位の斜め切りにし、中火にかけたフライパンにサラダ油を入れて焼き、焼き色をつけます。バットに上げて軽く塩を振ります。春菊は葉を食べやすくちぎり、茎はそぎ切りにします。

4　スパゲッティは塩を入れた湯で袋の表示通りにゆで、湯をきります。湯3ℓ、塩30gがめやすです。

5　フライパンにガーリック油大サジ2杯をひき、にんにく、種を取り除いた唐辛子を入れて弱火にかけ、長ねぎと春菊、厚さ1cm弱に切った鴨肉を入れて軽く混ぜ合わせます。スパゲッティとゆで汁少々を加えて和え、塩・コショーして味をととのえます。好みでEXVオリーブ油少々を振りかけます。

◎おいしさのヒント
鴨肉は中心にピンク色が残る位に火を通すのがコツ。鶏もも肉を使ってもおいしくできますが、その場合、切れ目は入れず、強力粉を振ってから焼きます。中までしっかり火を通し、皮はカリカリに焼き上げましょう。

手早く作るもうひと品

簡単で、洒落た味わいのサイドディッシュです。

白菜のスープ

材料（2人分）

•玉ねぎ…1/2コ（約100g）　•じゃがいも…小1コ（約60g）

•スライスベーコン…3枚（約45g）　•白菜…200～230g

•チキンブイヨン（作り方は6頁参照）…500㎖　•大麦（ゆでたもの。冷えたご飯やゆでたマカロニでも）…70g　•ピュアオリーブ油…大サジ1杯　•無塩バター…10g　•塩、パルミジャーノ・レッジャーノなどのチーズ（すりおろし）、黒コショー…各適量

1　玉ねぎは半分に切ってうす切りに、じゃがいもとベーコンは幅5㎜位の細切りに、白菜はセンイに直角に幅1㎝弱、長さ半分位に切ります。

2　フライパンを中火にかけてピュアオリーブ油を熱し、バター、ベーコン、玉ねぎを入れて、玉ねぎがしんなりするまで炒めます。じゃがいもを加え、さっと炒めます。

3　2にチキンブイヨンを注いで沸かし、大麦と白菜を加えてひと煮立ちさせます。市販のブイヨンの素を使う場合、商品の表示よりうすめに作りましょう。塩で味をととのえ、チーズと黒コショーを振りかけます。

◎おいしさのヒント

白菜は食感を残しても、またトロッと煮ても、好みで仕上げましょう。

かぶとカニのサラダ

材料（2人分）

•カニの足…2～3本（正味約70g。缶詰でも）　•かぶ…3～4コ

•かぶの茎…2～3本　•かつおダシまたはチキンブイヨン（ブイヨンの作り方は6頁参照）…50㎖　•塩、EXVオリーブ油…各適量

1　カニはカラごと蒸し器で蒸し、身をかき出して、塩とEXVオリーブ油を加えます。かぶは6等分して皮をむき、茎は小口切りにします。

2　鍋にダシを入れて、かぶを重ならないように並べ、中火にかけます。沸騰したらフタをして弱めの中火にし、柔らかくなるまで蒸し煮にします。ヘラで少しつぶし、かぶの茎を加えて軽く温めます。

3　2とカニをボールで和えて盛りつけ、温かいうちにいただきます。

◎おいしさのヒント

缶詰や市販のゆでガニを使う場合、蒸し器などで少し温めて和えます。

マグロとピクルスのクルード

材料（2人分）

・マグロの赤身…120ｇ　・れんこん…長さ約8㎝　・パプリカ（赤・黄）と好みの野菜（にんじん、セロリ、きゅうり、いんげん、スナップえんどう、ごぼうなど、2種類以上）…適量　・EXVオリーブ油…大サジ1杯　・塩…適量　・ハーブ（シブレット、チャービル）…適量

ピクルス液（作りやすい分量）　・白ワインビネガー…100ｇ　・水…70ｇ　・塩…5ｇ　・グラニュー糖…60ｇ　・市販のエストラゴン酢漬け（好みで）…1本

1　鍋にピクルス液の材料を入れて火にかけ、フタをしてひと煮立ちさせます。グラニュー糖が溶けたら、火を止めて冷まします。

2　れんこんは皮をむき、厚さ1㎝弱の8枚の輪切りにして、酢水につけてアク抜きします。熱湯に塩と酢（分量外）を少々入れ、かためにゆでて水気をきり、ピクルス液に漬けて、10～15分ほどおきます。

3　れんこん以外の野菜は、5㎜のさいの目に切りそろえます。さっと湯通しして水気をきり、ピクルス液に漬けて、5分ほどおきます。

4　マグロは1㎝弱のさいの目に切り、EXVオリーブ油と塩少々で和えます。3をザルなどに取って水気をきり、大サジ3杯分をマグロと和えます。れんこんの上に盛りつけ、刻んだハーブを飾ります。

◎おいしさのヒント

ピクルスは家にある野菜で。ハーブはあさつきなどで代用できます。

ほうれん草とタラの
オーブン焼き

真冬の温かなひと皿

ほうれん草とタラのオーブン焼き

じっくり手作りしたベシャメルソースがぜいたくな、いわば〝大人のグラタン〟です。
なめらかなソースに溶け込む、ほうれん草と香味野菜のうま味を楽しみます。

材料（2人分）
- タラの切り身…4切れ（約220g）　•ほうれん草…8株
- 玉ねぎ…70g　•セロリ…35g　•無塩バター…10g
- 牛乳またはチキンブイヨン（ブイヨンの作り方は6頁参照）…適宜
- 塩、強力粉、サラダ油、パン粉…各適量
- 白コショー…適宜
- パルミジャーノ・レッジャーノ（すりおろし。市販の溶けるチーズでも）…適量

ベシャメルソース
- 無塩バター…25g　•薄力粉…30g　•牛乳…350㎖

作り方

1　ほうれん草は塩を入れた湯でさっとゆで、流水にさらしてからよくしぼり、4等分位に切ります。フライパンを中火にかけ、無塩バター（適量・分量外）、ほうれん草を入れて軽く炒め、塩少々で下味をつけます。

2　玉ねぎは半分に切ってからうす切りに、セロリもうす切りにします。フライパンを中火にかけ、バター、玉ねぎ、セロリを入れて炒めます。フタをしてしんなりさせ、火を止めます。

4

5

7

3　ベシャメルソースを作ります。鍋を弱火にかけてバターを溶かし、薄力粉を加え、ヘラでよく混ぜながら炒めます。

4　3に、60℃位に温めた牛乳を少しずつ加えて、よく混ぜ合わせます。焦げたり、ダマにならないように注意しながら、なめらかにのばしていきます。

5　4に2を入れ、ヘラで混ぜながら、粉っぽさがなくなるまで7～8分煮ます。ソースがかたいようなら、温めた牛乳かチキンブイヨンを少しずつ加えて、トロッとする位に調整します。

6　さらに1を加えて混ぜます。ここで味をみて塩を2～3つまみ位加えますが、あとでチーズをかけるので、うすめの味つけとします。

7　タラは塩を振り、好みでコショーをして、強力粉を振っておきます。フライパンを中火にかけてサラダ油を熱し、タラをソテーして、きれいな焼き色をつけます。

8　耐熱皿に6を薄くしき、7をのせ、残りの6をかけます。パルミジャーノ・レッジャーノなどのチーズとパン粉をかけ、200℃のオーブンで表面に焼き色がつくまで焼きます。中まで火が通っているか、竹串を刺して確認します。串が熱かったら出来上がりです。

◎おいしさのヒント
- この料理のポイントはベシャメルソースのなめらかさです。手順4で牛乳を加えるときに、粉が牛乳を吸ってすぐに固まりますが、これはダマの原因にはなりませんから、あわてて牛乳を追加しないこと。牛乳は少しずつ注ぎ、ゆっくりゆっくりのばしていきましょう。
- 手順6まであらかじめ作っておく場合は、オーブンに入れる前にソースを火にかけて温め、牛乳かチキンブイヨンでかたさを調整します。

鶏もも肉のカチャトーラ風

こんがりと焼いた鶏もも肉を、
玉ねぎやトマトと一緒に
トロッと煮込みます。
飾りつけた野菜の
ひとつひとつもおいしい、
華やかな大皿料理です。

材料（3〜4人分）

- 鶏もも骨つき肉…3本（1本約280g）
- 玉ねぎ…2〜3コ（皮をむいて約480g）
- にんにく…1片
- トマト…小2コ（プチトマトなら12コ位）
- ケッパー（塩漬け）…大サジ2杯（※酢漬けの場合、水に少しさらして酸味を抜くとよい）
- オリーブ…小16コ
- アンチョビ（フィレ）…3枚
- イタリアンパセリ（好みで）…2〜3本
- ローズマリー…2本
- 塩、黒コショー、強力粉…各適量
- サラダ油…適量
- ピュアオリーブ油…大サジ3杯
- 無塩バター…20g •水…150ml
- 白ワイン…100ml

A 付け合わせ

- じゃがいも…小6コ •赤玉ねぎ…1/3コ
- クレソン…3〜4本

・イタリアンパセリ（葉のみ）…6本分
・ピュアオリーブ油…適量
・塩、黒コショー…各適量
・白ワインビネガー…適量
・EXVオリーブ油…適量

作り方

1　鶏もも肉は、庖丁の刃を立てて骨に沿って入れ（a）、開きます。関節を切り（b）、脂身が多い場合はそぎ落とします。両面に塩・コショーし、さらに強力粉を振っておきます。

2　フライパンにたっぷりのサラダ油を入れて中火にかけ、1を皮面から焼きます。こんがりと色づいたら、裏面はさっと焼きます。

3　玉ねぎは半分に切り、うす切りにします。圧力鍋に、ピュアオリーブ油とつぶしたにんにくを入れて中火にかけ、油に香りがうつったら、バター、玉ねぎ、塩3〜4つまみを加えます。玉ねぎが透明になるまで炒めたらフタをし、ときどきかき混ぜながら蒸し炒めにして、玉ねぎをしんなりとさせます。

4　玉ねぎの上に2の鶏肉を並べ、ざく切りにしたトマト、ケッパー、オリーブ、ざく切りのアンチョビ、好みでイタリアンパセリを入れます。水と白ワイン、ローズマリーを加えて、高圧で15分ほど加熱し、火を止めてそのまま置きます。ふつうの鍋を使う場合は、フタをして中火で20分ほど煮込みますが、途中で煮詰まってきたら、水を適量つぎ足します。

5　付け合わせを作ります。じゃがいもは皮つきのままかためにゆで、ひと口大に切ります。フライパンにたっぷりのピュアオリーブ油を中火で熱して、じゃがいもの表面がカリッとするまで焼き、塩・コショーします。赤玉ねぎはうす切りにして水にさらし、水気をよくきっておきます。クレソンとパセリは食べやすい大きさに切ります。

6　4が充分に減圧されたら、フタを開けます。鶏肉とローズマリーを取り出し、残ったソースのアクを取り、少し煮詰めます。塩で味をととのえます。

7　赤玉ねぎとクレソン、パセリをボールに入れ、塩と白ワインビネガー、EXVオリーブ油でさっと和えます。皿に鶏肉を盛り、ソースをかけ、付け合わせの野菜を飾ります。

◎おいしさのヒント

・ふつうの鍋でも作れますが、圧力鍋を使うのがおすすめのレシピです。鶏肉は身がほろっと柔らかくなり、味もよりしみ込みます。調味料の水分が少なめなので、ふつうの鍋を使う場合は、途中で注意して水をつぎ足してください。

・ビネガーで和えた野菜をのせて、爽やかな後味に。ビネガー小サジ1杯にオリーブ油大サジ1杯をめやすに、盛りつける直前に和えましょう。取り分けてから、好みでさらにビネガーを振りかけたり、マスタードをつけても。

・じゃがいもを焼くときにローズマリーを1〜2本加えると、香り良く仕上がります。また、じゃがいもはゆでたてを割って塩を振っただけでも、充分おいしくいただけます。

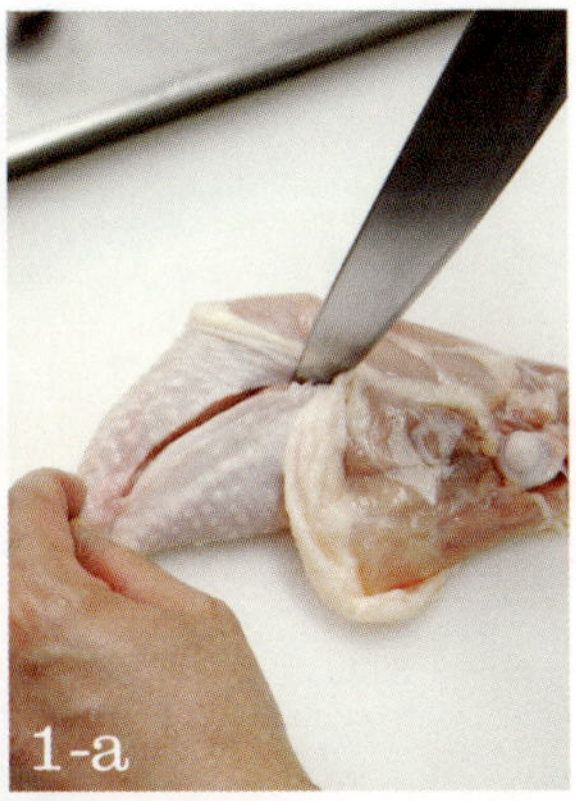
1-a

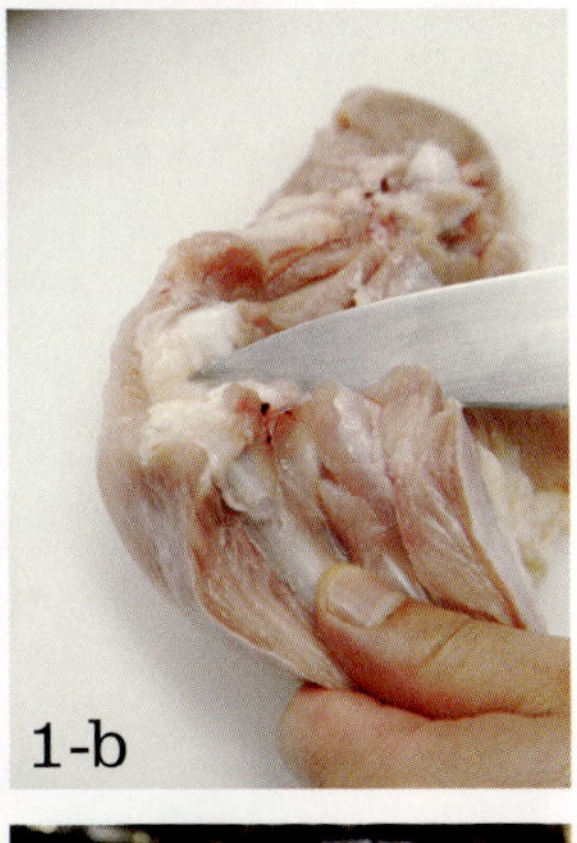
1-b

2

3

4

6

第1章　30代、40代 わたしの暮らしのヒント

これから始まる、動き出す。
まぶしいような予感。
毎日を豊かなものにするのは、
そんな潑剌とした心の持ちようなのです。

皆川　明　44歳

直感は、何にも勝る判断基準になります。その感覚には、経験値が凝縮しているからです。自分の目も育っていくと思います。

細川亜衣　39歳

どんなに疲れていても、台所だけは完璧に掃除してから眠りにつきます。朝、きれいな台所に入るのはすがすがしいものです。

伊藤まさこ　41歳

子どもとの約束は必ず守るようにしています。それでも、すぐにかなえてあげられないときは、きちんと説明して次を約束します。

津上みゆき　38歳

創作の合間に料理や植栽の世話などをします。新鮮な発想や集中力のため、煮詰まる前にひと呼吸入れて、バランスをとるのです。

門倉多仁亜　45歳

常識はひとつではないと思っています。だからこそ、自分の基準をしっかりと持ち、また同時に、他人の意見に耳を傾けます。

浅岡みどり　38歳

植物の種が手に入ったら、蒔いてみます。種から育つ小さい命に愛着が湧き、共に生きていることがうれしくなります。

写真　一之瀬ちひろ（16～22頁、38～42頁）松本のりこ（24～36頁、44～48頁）田渕睦深（50～54頁）
取材・文　渡辺尚子（16～31頁）青木由里（32～43頁）田中のり子（50～55頁）
イラスト　阿部伸二（14～15頁）

44歳　皆川 明さん（デザイナー）

つながっていくもの、広がっていくものを目指して

わたしの朝ごはん

朝食の前に必ず水を飲み、すっきりと一日を始める。ブルスケッタは酸味のきいたパンを焼いて、キャベツとアボカドとトマトを刻み、クミンシードとオリーブオイル、それにごま油をひとたらし。コーヒーとキャベツのマリネもつけて。

机だけあっても仕事はできません。
オブジェや本、風の記憶。
混沌とした空気も
まわりに必要なのです。

(上) 仕事をするときも、空気の流れや風を感じながら。(下) アトリエのコーナー。好きなものは目につくところに置いておく。

（右）偶然の出会いから生まれる可能性を信じている。出会ったばかりのころの長江青さんの写真と、この柄に惹かれて彼女がミナに通うきっかけになった刺しゅう「ホシハナ」。（左）時折訪れるのは、南青山にある日用品のお店「東青山」。目だけでなく手を働かせてものを選ぶ。

直感こそ、何ものにも勝るもの作りの原点

「めっそ」という言葉を耳にしたことはあるでしょうか。

「ぼくは、スタッフの長江青《あおい》に教えてもらいました」と言うのは、「ミナ ペルホネン」のデザイナー、皆川明さんです。長江さんのおじいさんは版画家でした。たとえばものの寸法を決めるとき、まず定規を取り出すのではなく、目で見当をつけること。「目分量」の方言ですが、数値だけに頼らず目で測ることを、おじいさんは「めっそ」と呼んでいたのだそうです。

この言葉を知ったとき、皆川さんは励まされたような気持ちになりました。自分の感覚を基準に、ものを作る。それは、皆川さんがテキスタイルをデザインするときや洋服を作るときに大切にしていることだったからです。

「直感に勝る判断基準はないとぼくは思っています。直感には、それまでの自分の経験や価値観が詰まっていますから。また、偶然性も大切です。下描きをせずに作っていくと、何かの塩梅で、はっとするような造形が生まれることがあるのです。それは、作為がなくて美しい。つまり『めっそ』は、ぼくにとってなくてはならないことなのです」

常識や基準からはみ出てしまうところに、意図せぬ美しさが宿るものです。もちろん、慎重に吟味し、きちんと計算して作ったものもすっきりとしていますが、「めっそ」で作ったものには、その一瞬だけが持つ、いきいきとした魅力がひそんでいます。それが、人の心に留まって光を与えるのでしょう。

ただし、「めっそ」はその人だけがわかる尺度で、ほかの人には見えません。そこで、皆川さんがパタンナーや生地作りの人と共同作業をするときは、電話やメールでなく、なるべく直接会って思いを伝えます。また、指示を出すときには、主語を省略しないようにします。ささいな行き違いや思い込みからボタンの掛け違いが生まれ、大きな失敗につながりかねないからです。「めっそ」を大切にするぶん、コミュニケーションが重要なのです。

いいなと思ったものに触れいつも近くに置いておく

どんな時代でも、「めっそ」を大切にすれば、人の心に響く仕事ができるはずだと、皆川さんは考えています。では、「めっそ」を育てるにはどうしたらよいのでしょう。

「ものに触れることです。旅をしたり、買い物をしたり散歩をしたり、外へ出て行くことも大切です。経験不足から失敗することもあるけれど、見たり感じたりして経験を重ねることで、価値感が定まっていきます」

たとえば買い物をするとき、皆川さんは、ものを見るだけでなく手で包み込みます。

「まず手に取って重さを確かめることがくせ

調和とは、いかに不完全であるかということ。
作為が消えるようにデザインしたいのです。

（上）壁を飾るときも「めっそ」で。（下）瓶の中に、皆川さんのちぎり絵。無作為が育む美。

デザインルームは、ひとりで仕事に集中し、風を感じ、思索するための場所。奥のデスクにマルク・リブーの写真を飾った。

になっています。ぼくの仕事は洋服を作ることですから、たとえば生地にしても、見た目だけでなく、身につけるとどのくらい重いのかが知りたいのです。それは、実際に手に持ってみないとわかりません。どんな構造でそれができ上がっているのかも考えます」

目で記憶するのと同じくらい、手にものの形や重さ、感触などを覚え込ませる。こうして積み重ねた経験は、いつか指先からあふれ、独自のクリエイションにつながるでしょう。

また、気に入ったものは、身近に置いておきます。日々手に取ることで、いっそう深く理解できるからです。「ミナ ペルホネン」のデザインルームには、こうして集められたものがそこここに置いてあります。尊敬するアーティストからもらったオブジェや、旅先で求めた画集。それらはテキスタイルとは直接関係ありませんが、インスピレーションを与えてくれます。

「デスクと道具さえあればデザインできるように思われがちですが、ぼくの仕事の場合は、それだけではちょっとむずかしいのです。アイデアは、緊張しているときよりも、少しリラックスしているときのほうが浮かんできます」

小さなキッチンのついた部屋にデスクを置き、絵やオブジェを飾る。テラスから緑を眺めたり、ときどき横になったり、スタッフのために食事を作ったりすることで、心身のこわばりがなくなって集中力が高まります。直感や偶然性が生きてくるのは、こんなときです。

作り手の思いを感じる、リサ・ラーソンののびやかな作品。

安藤雅信さんの陶皿に、楽しげな花を絵付けした。

素材の持ち味がそのまま残るような料理を心がけている。

仕事の合い間に読書。休息が仕事の純度を高める。

誰かを喜ばせるために「めっそ」を働かせる

皆川さんはこの仕事を始めるとき、「せめてこの試みが百年続くように」と心に決めました。「百年後の最終形をぼくが見届けることはできません。それでいいのです。いま自分にできることをして、あとは、誰かがつないでくれればいい。ぼくの意見を仰いでばかりいると、ぼくがいなくなったときに迷ってしまう。同じ志を持ちつつ、ひとりひとりが自分の『めっそ』を信じて動くことが、百年続く形へとつながっていくのだと思うのです。そもそも既製服のデザインは、誰かに頼まれてする仕事ではない。自分がいいと思ったものを、人に差し出す仕事です。やりたいことをやり切った結果、世の中に受け入れられる。それがわたしたちの仕事だと思っています」

「めっそ」を使うのは、自分を誇示するためではなく、それを使うことが人に喜ばれ、自分がいなくなった未来にも喜ばれることだから。それは、自分が生き切った百年後の誰かの心を潤すことにつながっているはずです。一番大切なのは、誰かが喜んでくれることを思いながら、それを自分の喜びにしてひたすら働くことです。

みながわ・あきら　デザイナー。１９６７年、東京生まれ。「特別な日常服」を作りたいと、95年に自身のファッションブランドminä（ミナ。現在はminä perhonenに改称）を設立。オリジナルのテキスタイルをデザインし、詩情と物語性のある服作りを続けている。

暮らしの「大切なこと」を拝見します。

言葉の紙片や知人からの手紙も創造を支える。

アルネ・ヤコブセンのベアチェアは、包まれるような心地良さ。

デザインルームには好きな椅子を集めた。打ち合わせテーブルのスタッキングチェアはアンティーク。

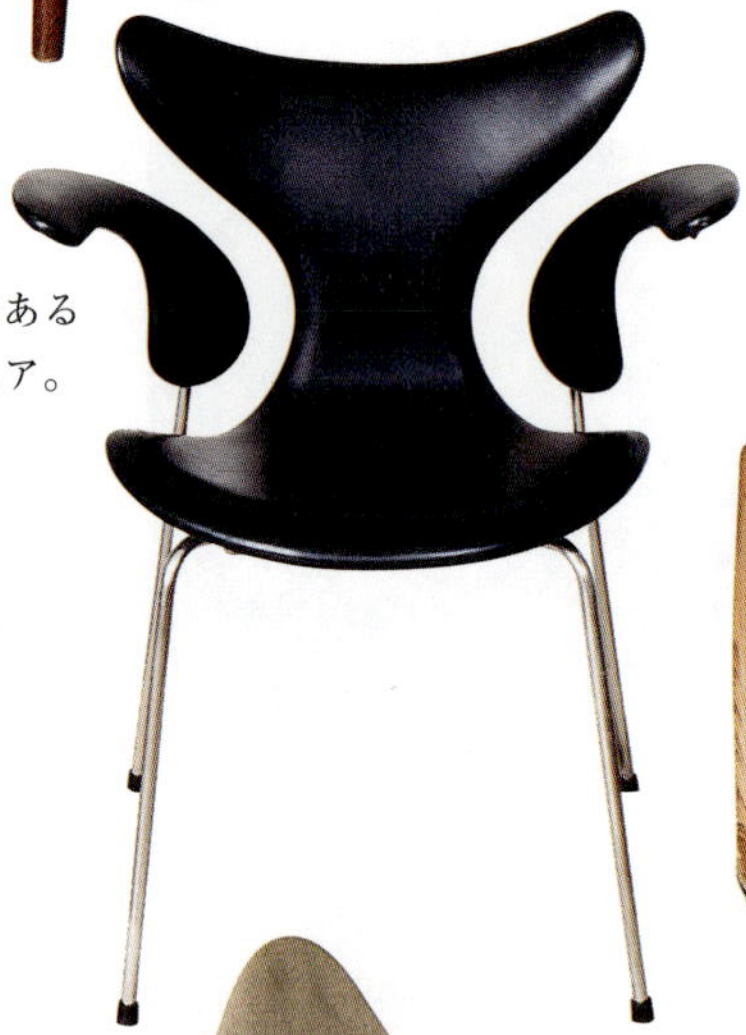

形に遊びのあるリリーチェア。

フォルムの美しいジラフチェア。

デスクで使うドロップチェア。

同じ質問、それぞれの答え。
皆川 明さんの場合。

Q　夜寝る前に読む、好きな本を教えてください。

Ⓐ　よく読むのは、詩集です。なかでも『谷川俊太郎詩集』は、昔から愛読しています。谷川さんの詩に触れると、柔らかいコーヒーを飲んでいるようなリラックスした気持ちになります。昔のチェコの風景を収めたヨゼフ・スデック（Josef Sudek）の写真集も好きです。

Q　身体のためにいつもしていることを教えてください。

Ⓐ　特にありません。

Q　他人にしてもらって、一番うれしいことは何ですか?

Ⓐ　自分のしたことを喜んでくれたときに、喜びを感じます。そもそも、わたしたちの仕事は誰かに頼まれてやっているのではなく、自発的にしたことを人が喜んでくれることで成り立つのだと思います。

Q　生きるうえでの理念、ポリシーを教えてください。

Ⓐ　うまくいかないことのなかに可能性を見つける。うまくいったなかに欠点を見つける。物事には常にこの両者があって、どちらかしかないということはないのだと思っています。

Q　元気のないとき、どうやって気持ちを切り替えますか?

Ⓐ　とことん悩むと、ネガティブのなかに混ざっているいいことが見つかり、ポジティブに変わります。そこまで考えることだと思います。

Q　食事をするうえで大切にしていることは何ですか?

Ⓐ　きれいに残さず食べること。食べ物を捨てることもいやですし、作ってくれた人にも申し訳ない。何より、ごみにしてしまうことが一番忍びないのです。

Q　一番好きな家事と苦手な家事を教えてください。

Ⓐ　好きな家事は、料理と洗い物。その場にあるもので簡単に作ります。長いミーティングのあるときには、スタッフと自分のために軽い食事を用意します。仕事場のキッチンにはコンロがひとつしかありませんが、時間配分と手順を工夫し、ふたつの鍋と余熱を利用して1時間ほどで2品、20人分ぐらいを作ります。苦手な家事は片付けです。

Q　お金との付き合い方で心がけていることは何ですか?

Ⓐ　出会ったと強く思うものは購入します。

（上）詩の一行には、思いの全てが凝縮している。
（左）チェコの写真家ヨゼフ・スデックの写真集。

皆川 明さんの暮らしのヒント

直感を大切にして
出会ったものや人と
ていねいに向き合うこと。
デザインという
創造の源は
そこにあります。

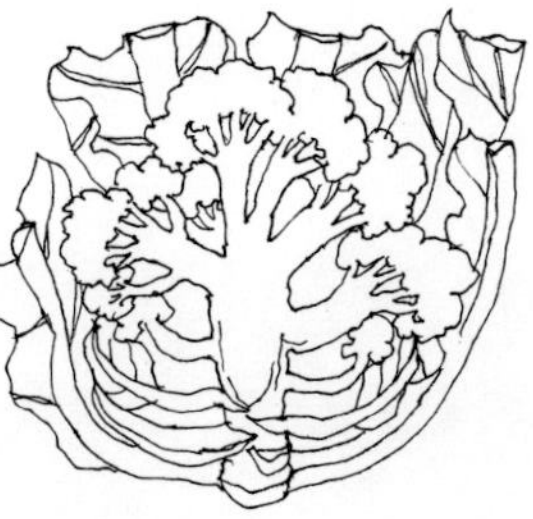

今日はなにを

1
出会いは運命だと思います。相手がそれまでにしてきたことよりも、これから先の時間が大切。一緒にいい会話ができることを信じて、一歩を踏み出します。

2
未完のバランスを大切にしています。自己完結したものよりも、偶然性やそのときの気分を取り込んだもののほうが、未完成ながらも存在感があり、不思議と心に引っかかるものです。

3
寿命に束縛されないこと。ものを作るときは、自分の人生の持ち時間に合わせて設計するのではなく、その先につながっている時間を考えるようにしています。

4
ひとつの作業に集中できるのはせいぜい3時間です。根を詰めたときは、詩集を読んだりソファに横になったりして休憩します。

5
ものは、いつかは壊れて手を離れるものです。どんなに気に入っているものがあっても執着せず、失うとか手放すといったマイナスの要素に対して、なるべく無頓着でいたいと思っています。

6
誰かにものを頼むときは、電話やメールで済ませるのではなく、なるべく直接会いに行って気持ちを伝えるようにしています。

7
人に何かを伝えるときは、主語をきちんとつけるようにしています。思いが先走って主語を省略してしまうと、そこから伝達の間違いが起こりがちです。

8
体力を維持するため、こまめに睡眠をとっています。どこでもすぐに眠れるのは、特技かもしれません。

9
矛盾した言葉を大切にしています。たとえば「黒い白」という言葉のように、一見矛盾しているもののなかにこそ、創作や思考のヒントが潜んでいるのです。

10
素材の味が残るものを作りたいと思います。料理でも服作りでも、それは同じだと思います。

11
慌てないようにしています。時間は大切ですが、時間に縛られ過ぎると、ほかの大切なものをなくしてしまいます。

12
直感は、何ものにも勝る判断基準になります。その場で生まれてきた感覚には、経験値が凝縮されているからです。経験不足から間違うこともありますが、直感を大切にすることで、自分の目が育っていきます。

13
既成の物差しに頼ることなく、自分の目を基準に、物事の価値を判断するようにしています。

14
もの作りは、結果よりも過程が大切です。でき上がりの結果ばかり気にするのではなく、小さな目標をひとつずつ積み重ねながらも、そこに到達していく時間を大切にするほうが楽しいと思います。

15
記憶はイマジネーションの素になります。そこに新たな想像力が加わることで、さらに豊かに変化していくものです。

16
旅先でも日常でも、風を意識するようにしています。その場の空気感や風の流れが、そのときの記憶を呼び起こし、デザインにつながることがあります。

17
仕事をするときは、リラックスした雰囲気が必要です。仕事場には好きな家具やものを置いておくようにしています。

18
スタッフミーティングがあるときは、簡単で温かな料理を人数分作っておきます。ちょっと疲れたときにお腹が温まると、力が出てきます。

19
仕事の前や来客時には、線香をたくようにしています。三十三間堂や松栄堂の線香は、空気がさっぱりと洗われるような気がします。すがすがしい香りが気分転換になります。

20
空いた時間に、詩集を開きます。その日によって心に引っかかる言葉や行間の濃度が異なるのが、詩の豊かさだと思います。

21
新しいことを始めるときは、次の世代にとって良いことかどうかを考えてみます。自分の生きている間だけでなく、自分がいなくなったその先に希望をつないでいくことは、仕事をするうえでの大きな喜びです。

挿画　フジマツミキ

41歳　伊藤まさこさん（スタイリスト）

気負わずしなやかに、美しく整える暮らし

わたしの朝ごはん

ご飯はおかゆやおにぎりのときも。今日は花豆ご飯に、ごま塩をふって。おかずはひじき煮、お茶は長野市内で作られている桑の葉のほうじ茶。前日に食べ過ぎたら、朝を抜く。きっちりとおなかをすかせたほうが、気持ちがいいから。

好きな場所や好きなものを
いくつも作って、大切にする。
すると、なんでもないと思っていた毎日が
いとおしく思えるのです。

車を走らせ、湧き水のきれいな場所へ出かけては水を汲んでくる。自生のクレソンを見つけて摘むことも。

杏、苺、ルバーブ、すぐり……地ものの果物などをジャムにする。

近くに住む友人の家でとれた小梅をシロップに。

部屋の入口にトレイを置き、その日の用事を書いたメモを。

読書は一番の気分転換。家事や仕事の合間、就寝前と、折々に。

変わった形の器におかずを盛り、食卓に躍動感を生み出す。

竹籠を文箱にして、便箋や封筒を常備。切手は空き缶に収めておく。

香辛料類は、買ってきたらすぐにガラス瓶に詰め替えておく。においが移らないし、見た目も美しい。

洗った食器はリネンのクロスで拭く。清潔なものを惜しみなく使えるよう、30枚用意している。

持ち物はなるべく少なく、楽しみは数多く

持ち過ぎないこと。伊藤まさこさんに、生活の基本について質問したところ、そう答えが返ってきました。

「わたしの実家は、ものの少ない家でした。小学生のころ、友だちの家の食卓にいろいろなものが出してあって、びっくりしたことがあります。わたしの家のテーブルは、ふだん何も置いていないのがあたりまえだったからです。母からは『片付けなさい』と言われたことはまったくないのですが、そういう家に暮らしていたからでしょう、気づけばわたし自身も、散らかった空間にいると落ち着かなくなっていました」

昨年、伊藤さんは松本市内のマンションに引っ越しました。

「引っ越しを思い立った一番の理由は、実家や倉庫に分散していた自分の荷物を一カ所にまとめたかったからです。そこで、まずは自分の持ち物がどれだけあるか把握し、それらが入り切る収納棚を新居に作ることにしました。本や台所道具がきれいに収まり、使うときは取り出しやすいようにと、持ち物のサイズを測って収納棚のサイズを割り出してもらったのです」

この棚に入り切らない食器は、ほしい人にあげます。本や子ども服も、一定の量を超えたら店や必要としている友人に送ります。

「ただし、ものが少な過ぎるのも無機質で落ち着きません。部屋にはめりはりが必要だと思います。リビングはまだがらんとしていますが、ソファの脇に置く小さなテーブルがもうすぐ届く予定です。ラグマットも敷こうかと検討中。大切なのは、住む人が心地良く過ごせるものの量を保つことだと思います」

持ち物は少なくしますが、そのぶん、ささやかな楽しみはたくさん用意しておきます。たとえばふきんもそのひとつです。台所に、しゃりっとしたリネンのクロスをたっぷりと重ねておきます。こうすれば、器を拭くたびに清潔なクロスを心置きなく使うことができるでしょう。濡れたクロスは一日の終わりにまとめて洗えば、さっぱりとした気持ちで翌朝を迎えられます。

家具の配置換えもまめに行います。ソファや椅子の位置は月に1～2度は換えるでしょうか。そのたびに目に入る景色が変わり、新鮮な気持ちになります。それに、部屋の隅や椅子の脚についた埃も取ることができるのです。

キャンプをするように身軽に暮らしたい

家の外にも喜びがあります。

「たとえば、松本は湧き水が多いんですよ。しかも、それぞれの場所で味が違うんです。だから外出するときは水筒を持って行って、水場を見つけたら汲んできます。それから、あそこに小さな山が見えるでしょう。古墳の跡だそうで、春になると桜が満開になるんです」

食器や台所用具専用のクローゼット。天井まで届く収納を作ることで、必要なものを全て収めた。

上段は木の器など軽いもの、下段は鍋などの重いものを。持ち物を全部書き出して設計してもらった。

すみれが咲く野原やクレソンが茂るせせらぎも、この地に暮らしながら見つけた場所です。ものを抱え込み過ぎないからこそ、小さな喜びに気づくゆとりが生まれるのかもしれません。

「いまは地元の果物でジャムを作っています。一年間、そのときどきの果物を使いながら季節を楽しみたい。自然のものは、その季節にしか出会えないからうれしいし、いとおしくなります。身近な楽しみが多いと、なんということのない毎日も大切に思えますよね」

今年6月に松本で大きな地震があり、伊藤さんの家では食器がいくつも割れました。そのなかには、長く大切に使っていたもの、思い出のあるものもありました。

「けれども割れたとき、ある意味せいせいとしたのです。ものは好きだけど、固執しない。いつでも手放せる気持ちでいたいのです。旅行をしているときの荷物はせいぜいスーツケースひとつ分なのに、それでもひと月くらいは不自由なく暮らせますよね。そこまで少なくするのはむずかしくても、できればいつかはそんな身軽な暮らしがしてみたいと思っています」

約束ごとを作り過ぎず
気持ちに正直に生きる

持ち過ぎないようにしているのは、ものだけではありません。暮らしのなかの約束ごとも、できるだけ少なくしたいと伊藤さんは思っています。買い物はなるべく個人商店や市場でするようにしていますが、足りないものはスーパーマーケットで補います。夜は仕事をしないように心がけてはいますが、それでも、すべき仕事があればそれを優先させます。

「朝は必ずこれを食べなくちゃとか、旅に出たら必ずこうしなくちゃとか。そういうこともあまり考えないのです。必ず守っていることといえば、子どもと約束したことを守る、ということでしょうか。大事なのは、ルールを作り過ぎないこと。そして、そのルールを人に押し付けないこと。暮らし方や生き方は、人それぞれでいいと思うのです。決めごとに忠実でいるよりも、各自がそのとき一番したいことをしたほうが、無理がなく、みんなが元気でいられるから。もちろんそれも、人に迷惑をかけず、節度を持って行動することが前提です。子どもにも、『好きなことをしなさい。でも、自分がされていやなことを、ほかの人にしてはいけません』と言い聞かせています」

時代は移り変わり、人をとりまく状況も刻々と変わっていきます。けれども人の個性は、そうそう変わるものではありません。自分のペースを守りながら、しなやかに。持ち過ぎないこと、抱え込み過ぎないことは、すこやかに生きる知恵なのかもしれません。

いとう・まさこ　1970年、横浜生まれ。文化服装学院で服作りとデザインを学ぶ。卒業後、雑誌や単行本で、料理や雑貨など暮らしまわりのスタイリングを手掛けるようになる。また、針仕事や旅などをテーマにした単行本も執筆。2007年、長野県松本市に拠点を移す。

あるべき場所に、あるべきものを収めれば、
空間にめりはりが生まれて、気持ち良く過ごせます。

（上）好みの装丁や買ったばかりの本を書棚に。（下）開放感がほしいので、扉はたいてい開けておく。

暮らしの「大切なこと」を拝見します。

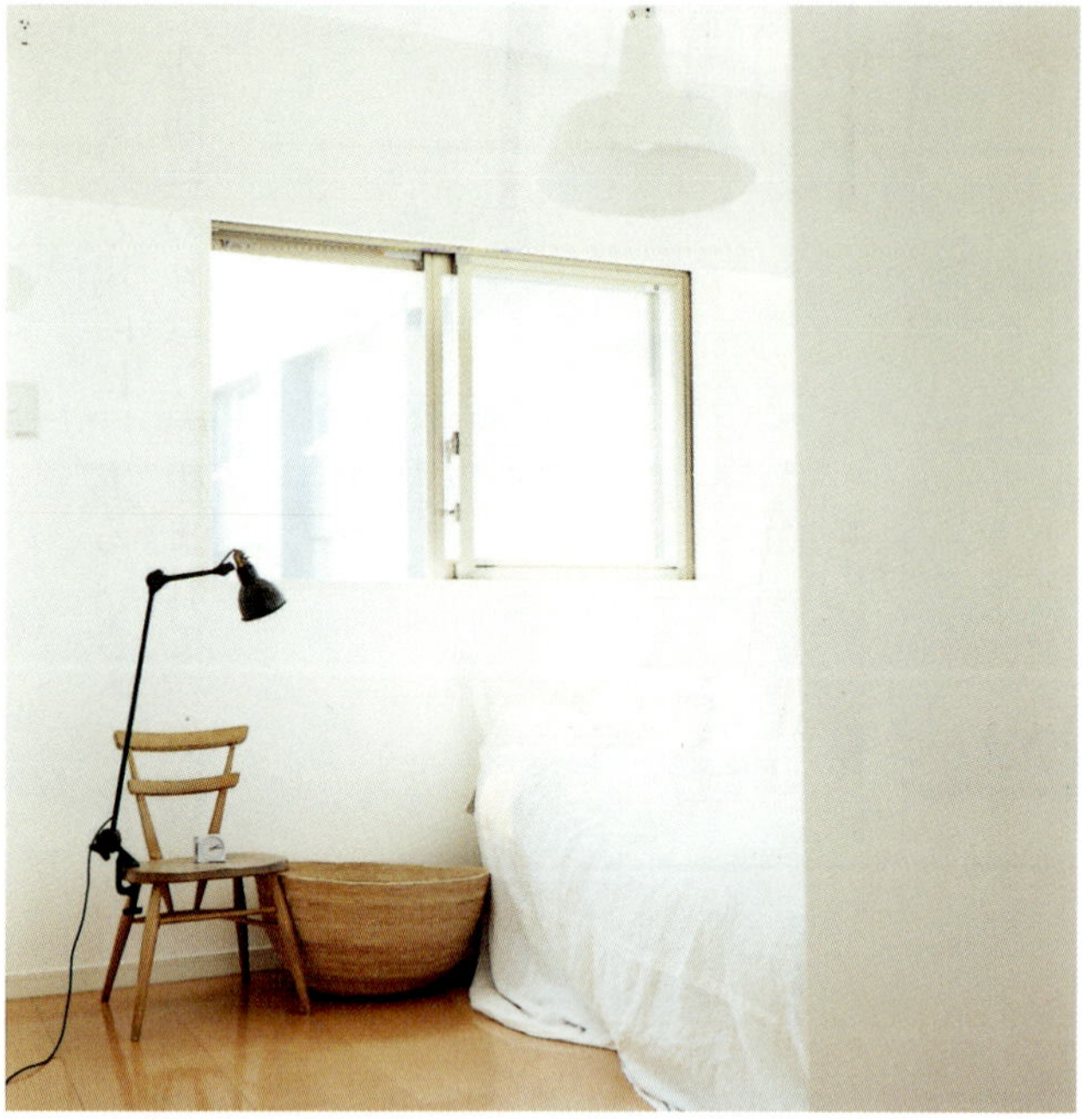

洗いたての触り心地が好きなので、ベッドカバーはこまめに替える。

台所は好きな場所。果物を煮たり、ストレス解消に鍋を磨いたり。

同じ質問、それぞれの答え。
伊藤まさこさんの場合。

Q 夜寝る前に読む、好きな本を教えてください。

Ⓐ 最近のお気に入りは、『なかないで、毒きのこちゃん』（デイジー・ムラースコヴァー作　理論社刊）。チェコの画家による、森の物語です。もう一冊は、友人に勧められた『銀のロバ』（ソーニャ・ハートネット作　主婦の友社刊）。盲目の兵士と少女たちの物語です。

Q 身体のためにいつもしていることを教えてください。

Ⓐ 特にありません。そのときそのときでしたいことをすれば、たいてい元気になります。運動は嫌いなのでしていません。

Q 他人にしてもらって、一番うれしいことは何ですか?

Ⓐ 思いやってもらえること、でしょうか。誰かに思いを与えてもらったぶん、わたしも、他者を思いやる気持ちを持とうと思うので。

Q 生きるうえでの理念、ポリシーを教えてください。

Ⓐ 何に対しても正直でありたい。あとは、いつも楽しく。

Q 元気のないとき、どうやって気持ちを切り替えますか?

Ⓐ 基本的にいつも元気なのですが、友だちと会ったり、おしゃべりしたり、旅に出たり。掃除も、気持ちを切り替えるきっかけになります。

Q 食事をするうえで大切にしていることは何ですか?

Ⓐ きちんとした素材を使っていねいに料理したいと思っています。外食のときは、作っている人の顔が見えるお店選びを心がけます。

Q 一番好きな家事と苦手な家事を教えてください。

Ⓐ 料理は好きです。また、好きというよりも散らかっていると気になるので、片付けはしょっちゅうしています。苦手な家事は、お風呂掃除と換気扇の掃除です。

Q お金との付き合い方で心がけていることは何ですか?

Ⓐ 仲の良い相手でもけっしてルーズにならないこと。それ以外は、基本的に自分で稼いだお金ならば、自分で責任を持って使えばそれでいいのではと思います。ただし、お金のことで人に迷惑をかけたり、誰かにいやな思いをさせたりすることだけは避けたいものです。

（右上）箱やかごを用意しておき、不要な衣服や本を入れていく。いっぱいになったら差し上げる。（左上）日常使いのアラビアの食器や、たまに用いる製菓道具や漆器など、分類して収納してある。（右下）大切にしている鰹節削り器。（左下）眠る前に読む本は、絵本や童話、図鑑など、ただ眺めているだけでも気持ち良くなるような本を選ぶことが多い。これは、最近お気に入りの2冊。

伊藤まさこさんの暮らしのヒント

ものの整理の仕方から
日常の心がけまで。
さっぱりと気持ち良く
暮らすために、
今日からすぐにでも
できることがあります。

今日はなにを

1 自分の気持ちに正直に、食べたい時間に食べたいものを食べるようにしています。食べ過ぎた日は半日から一日の間、白湯だけで過ごして体調を取り戻します。

2 電子レンジの調子が悪くなったので、せいろを使い始めました。冷凍ご飯もふっくらと蒸し上がります。台所道具は、ないならないなりに工夫をすると、楽しみが見つかります。

3 使いやすい食器ばかりでなく、ときには使いづらい器も使うようにしています。実用性が低くても、その形や質感が心を楽しくさせてくれることがあるからです。

4 どんなに忙しい状況でも「こんなおもしろいことがあるんだ」「こんな素敵な人がいるんだ」と思うようにします。目の前のことから喜びを見つければ、ストレスを感じることはありません。

5 朝早くに起き、16時までに仕事を切り上げます。夜は仕事はせず、本を読んだりお酒を飲んだり、自分の好きなことにあてます。

6 朝起きると、一日の予定を一枚の紙に書き、終わった項目に線を引きます。気づいたらどんなことでも書き留めるようにしています。

7 キッチンクロスは食器を拭くごとに洗いたてを使い、使ったものはバケツに入れておきます。夜、入浴中にそれらを洗濯機で洗い、干してから眠ります。

8 疲れがたまってきたら、短時間でもいいので、そのとき一番したいことをすると、たいてい元気になれます。何ごとも無理をせず、ルールを作り過ぎないこと。

9 子どもとの約束は必ず守るようにしています。すぐにかなえてあげられないときは、「この仕事があるからいますぐは無理だけど、終わったらやろうね」と、きちんと説明して約束します。

10 季節ごとに好きな場所を作っておきます。この季節は桜がきれいとか、この時季はあの山のキノコが楽しみとか。身近な楽しみが多ければ多いほど、毎日が大切に思えるものです。

11 仕事上で疑問が湧いたときは、なるべくすぐに相手に言って解決するようにしています。また、意見の違う人のことは「おもしろいな」と思うようにしています。大切なのは、意見を押し付け合わないことです。

12 店に入るときは「こんにちは」と言うようにしています。その一言で、相手も自分も気持ち良い時間を過ごせます。

13 旅行のときは、往復の足と宿だけ決めたら、あとは予定を決めずに出かけます。何もしない日があっても、その場所にいられるだけで幸せだと思います。

14 仕事の量はできるだけ一定にするようにしています。必要以上に引き受けると、仕事の質が落ちますし、何ごとも限度を超えるのは良くないと思います。

15 買い物はなるべく市場や個人商店で済ませます。その土地でとれた旬の食材は栄養価が高く、おいしく、安価なので、たくさんいただくことができます。

16 服も本も器も、一定量を超えたら人に差し上げます。冷蔵庫の中や本棚も時折見直し、ものを持ち過ぎないようにしています。

17 知人の誕生日に、娘とふたりで野原に行き、すみれを１００本ほど摘んで贈ったところ、喜ばれました。プレゼントは、心を贈るものだと思います。

18 いつでも手紙を出せるよう、絵柄の美しい切手を買い置きしています。旅先でも、郵便局に立ち寄って、珍しい切手を探します。たまに見返すだけでも、思い出が蘇ります。

19 水筒を持ち歩きます。松本は湧き水が多いので、水の湧いている場所を通ったら水筒に入れて持ち帰ります。湧き水ごとに異なる味を楽しんでいます。

20 子育てが楽になって自由な時間が増えたぶん、いままでやりたかったことをひとつずつ実現しています。たとえば心の余裕があるときに鰹節をかき、ていねいに出汁をとる、など。

挿画　フジマツミキ

39歳　細川亜衣さん（料理家）

足ることを知る日々から、幸せは生まれます

わたしの朝ごはん

朝食の定番は、こんがりバタートーストと果物、ケフィア。食パンが、マントウやパンケーキに代わる日も。ケフィアには自家製の新しょうがシロップがかけられ、果物は熊本名産の晩柑。紅茶を飲む茶碗は、陶芸家であるご主人の作。

林の中でも、とりわけ神秘的なほの暗い道を行く亜衣さん。椿ちゃんが喜ぶ、自然の遊び場でもある。

家の裏にある林で摘んだ、野苺と野蕗。苺は想像以上の甘さで、蕗は切ったそばから香りたつ。

庭や林で食材を探し、あるものを食べるという発想

木漏れ日の中、真っ赤な野苺や野生のさくらんぼを、オリーブのボールいっぱいに摘み取る細川亜衣さん。

「春から初夏にかけての季節は、鳥たちと競争なんですよ」と、ほがらかに笑います。料理家の亜衣さんが熊本にやって来たのは、陶芸家であるご主人の護光《もりみつ》さんと結婚した２００９年のことです。東京から、九州の旧家へお嫁入り。さぞかし不慣れなこともあったでしょうと想像していたら、亜衣さんはこう話します。

「イタリアで料理の修業をしていたときは、あちこち放浪しながらいろいろな人たちと暮らしていましたし、元来怖いもの知らずなので、不安はまったくありませんでした。実際に暮らしてみて、自然の豊かさ、家族やまわりの方々の温かさに心がほぐれました」

夫妻と、もうすぐ2歳になる娘の椿ちゃんの3人家族が住む家は、もともとお寺の僧坊だった古い造りの日本家屋です。そして、家の裏手に広がるのは、森閑とした濃緑の林。ここは一家がこよなく愛する散歩道であり、さらに亜衣さんが四季の〝食材〟探しに出かける恵みの地だといいます。

「まるで緑がふりかかるようで、空がとても近いんだと実感しました。夕暮れどきが特に好きですね。冬の寒々しい枝は、ほの暗い空を背景にすると墨絵のような美しさです」

自然から四季折々にいただく贈り物は、野苺やさくらんぼのほかに、野三つ葉、野蕗《のぶき》、筍、茗荷、芥子菜《からしな》などなど。梅やむかごもたわわに実ります。

「ここでは、庭もひとつの自然なんです。春先には菜花があちこちに生えますが、買うものより風味が格段にいいですし、何より、つぼみだけ、柔らかい葉先だけと、使いたい部分を使いたい量だけ摘むことができます。一年を通して、何かしら食べられるものが身近にあるのは、本当に幸せなことだと思います。育てるのは下手なのですが、自然の中から探すのは大好きです。実りの多い季節には、まず庭や近くの野原を物色し、足りなければ買いに行くようになりました」

そう話す亜衣さんは、食材があふれるほど潤沢にあり過ぎると、〝ひとつのものを生かす〟という料理のスタンスがぶれてしまうのだと言います。どうやら、この発想に彼女独特の生活の哲学がありそうです。

「こちらで暮らすようになって、何でも、多過ぎるよりは足りないくらいが心地いいということに気がつきました。特に料理は、いろいろな素材を組み合わせるよりも、ひとつの素材の可能性を引き出すほうが楽しいし、生まれるものへの感動も大きい。いままで、何もかもあり余るほど手に入れてきた結果、学んだことかもしれません」

ひとつの家、
一着の服を
慈しむ、
そんな価値観に
気づきました。

（右）粉料理が好きだと言う亜衣さんは、「慣れれば簡単なんです」と、よくパスタを打つ。（左）フルーツトマトと野苺のサラダは、まるで宝石のように美しい色合い。自然の甘味と酸味を生かして、エクストラバージンオリーブオイルとバルサミコ酢であっさり味付け。

マンネリと実験を繰り返し、料理の可能性を広げていく

「夫は家で仕事をしているので、毎日、朝昼晩と家族で食事をします。東京の料理教室で教えていたころは、同じ料理を繰り返し作り続けていましたが、そのころとは違った柔軟性や発想が必要ですね。また、通っている市場には旬のものだけが並びますが、本来あたりまえのことが、いまさらながら新鮮です。日々の食卓は喜びに満ちたものであってほしいから、大まかな献立は夫に相談しつつも、どこかに驚きがあるようにいつも考えをめぐらせています」

日常のひと皿にも、その思いが凝縮されているようです。

「粉料理、特に手打ちパスタとフォカッチャは好きでよく作りますが、こちらに来てからは野草との組み合わせが気に入っています。イタリアで修業していたリストランテは、かつては狩人に食事を出していた食堂で、辺りの野草を工夫して料理に使うという古くからの習慣が残っていました。今日はパスタには野三つ葉を挟み、フォカッチャには野蕗を入れてみたのですが、粉と草だけでもこれだけのごちそうになるんです」

そう亜衣さんは、〝わずかなものから生み出す豊かさ〟という価値観を教えてくれました。

「料理は、マンネリと実験の繰り返しだと思うんです。たとえば山菜は日本だと天ぷらやお

奥が野三つ葉入り平打ちパスタ。パルミジャーノ・レッジャーノと三つ葉のソースでいただく。

亜衣さんは大好物の果物を朝昼晩と欠かしたことがなく、大鉢が空になると不安だそう。

お母さまが古道具屋で買ってきた赤銅鍋に、家で見つけた木ぶたを合わせ、調理に使っている。

ダイニングルームからは、家の心臓であるキッチンが見える。動線も風通しも計算された造り。

天井板を外すとレトロモダンだが、暖房効果は激減。快適な暮らしのために、改修する予定。

中国の古い薬箪笥は、亜衣さんがいつも同じ場所に花や枝ものを活ける、〝定位置〟のひとつ。

ひたしなどにすることが多いですが、世界を旅していると、韓国ではナムルに、中国は塩炒めにするなど、はっとするような使い方に出会うことがあります。日本古来の方法も大切にしつつ、少しの冒険心で新たな使い方をしてみると、素材にまた別の生きる道が生まれる。ただし、おいしくいただくことが大前提なので、そこは慎重に」

一日の多くを過ごす台所と、隣り合うダイニングルームは、居心地の良さを求めて、引っ越してすぐに改修したそう。

「ただ、暮らしてみないとわからないことも多く、改めて、家作りのむずかしさを実感しました。でも、両親から贈られたこの歴史ある建物を、娘の世代やその次の世代にも受け継いでもらえたらと、より暮らしやすく、わたしたちなりにもう少し手を入れるつもりです」

窓の外は緑であふれ、葉のそよぐ音や、鳥や虫の声が一日中聞こえてきます。

「ここにいると、絵も音楽もいりません。すばらしい家族に恵まれ、私たちを囲ってくれる美しい家がある。それで充分です」

料理も住まいも、全てにおいて足ることを知る。細川亜衣さんと家族の幸せな暮らしは、そこから紡がれていくのです。

ほそかわ・あい　1972年、岡山県生まれ。大学では社会心理学を学ぶが、料理の世界に惹かれて、卒業後にイタリアへ飛ぶ。料理教室や書籍を通して四季の恵みを盛り込んだレシピを伝え、結婚後は熊本へ。現在、熊本で料理教室を主宰。著書に『愛しの皿』（筑摩書房）ほか。

暮らしの「大切なこと」を拝見します。

〝料理上手は整理上手〟の手本のようなキッチン。壁には、シダの葉跡が残る砂岩を使って、自然との調和を演出した。

（右）持っている庖丁に合わせ、特注したラック。（左）限られたスペースを有効に使うため、スタッキング収納に工夫を凝らす。半円の回転棚は小物整理に威力を発揮。

お母さまからもらった重い鉄の天ぷら鍋を、すき焼きやチゲに利用。

イタリアの料理修業時代から愛用する業務用調理器具。薄くて軽い。

木の調理道具は、ほとんどがオリーブ製。丈夫かつ、木肌が美しい。

同じ質問、それぞれの答え。
細川亜衣さんの場合。

Q　夜寝る前に読む、好きな本を教えてください。

Ⓐ　特に決めていません。そのときに興味のある本を手に取ります。

Q　身体のためにいつもしていることを教えてください。

Ⓐ　家族と家の裏手にある林を散歩することが習慣です。心地良い時間で、なるべく毎日できるように心がけています。あとは姿勢を整えるための簡単な体操くらいでしょうか。

Q　他人にしてもらって、一番うれしいことは何ですか?

Ⓐ　わたしが作った料理を、心から喜んで食べてもらえるときです。あるいは、心を込めて料理をしてもらうとき。どちらも同じくらいうれしいことですね。

Q　生きるうえでの理念、ポリシーを教えてください。

Ⓐ　いろいろと決め過ぎないことでしょうか。生き方としては、芯はしっかりと持ちつつ、流れるように生きていきたいと思っています。

Q　元気のないとき、どうやって気持ちを切り替えますか?

Ⓐ　家の裏手にある林で、木々や刻々と表情を変えていく空を眺めます。または、娘をぎゅっと抱きしめます。

Q　食事するうえで大切にしていることは何ですか?

Ⓐ　まずは、好きな人と一緒に食べることですね。そして、食べたいものを食べることです。

Q　一番好きな家事と苦手な家事を教えてください。

Ⓐ　家事、というよりわたしの一番の喜びですが、好きなのは料理です。料理を家事と考えないなら掃除が好きで、苦手はアイロンかけ。

Q　お金との付き合い方で心がけていることは何ですか?

Ⓐ　何がいまの自分にとって必要かを見きわめること。なるべく無駄遣いをしないよう心がけています。でも、締めるべきところは締め、使うときは使い、めりはりのある暮らしをしたいと思っています。

（上）歴史を肌で感じる古い造りはそのままに。（右）亜衣さんは近隣の方々に助けられていると、感謝する。庭の管理をしてくれる上村さんも良き協力者で、筍掘りの名人だ。

細川亜衣さんの暮らしのヒント

衣食住の全てに
共通して言えること。
現代生活の贅肉を落とし、
シンプルに暮らせば、
豊かさとは何かが
はっきりと見えてきます。

今日はなにを

1 家族で毎日、近所の林の中などを散歩します。木や空の話をするだけで、自然への理解や家族の結びつきが深まる気がします。

2 献立は、家族の希望を聞いてから考えるようにしています。食べる人が喜んでくれることを第一に考えます。

3 伝えたいことはきちんと伝える努力をするよう、心がけています。家族間であれ、友人間であれ同じで、理解がより深まります。

4 食べることに決まりごとを作り過ぎないようにしています。健康のために～を食べる、～を食べないなど考え過ぎず、身体と心が欲するものを食べるのが一番だと思います。

5 野山の実りを、なるべく食卓に取り入れるようにしています。風や光を感じながら、食べる人の顔を思い浮かべて収穫するのはこのうえなく楽しく、そうやって生まれる料理には何ものにも代えがたいおいしさと美しさがあります。

6 好きな食材はとことん使ってみます。同じ素材を日々いろいろに料理しているうちに、その食材の個性やくせがだんだんとわかってくるように思います。

7 自分が一番自然でいられる場所に身を置くようにしています。

8 あいさつは大きな声でします。自分も相手も気持ちが明るくなります。

9 初めて出会う食材には臆せず手を伸ばし、先入観を持たずに料理をするよう心がけています。小さな冒険心が豊かな料理を生み出します。

10 どんなに疲れていても、台所だけは完璧に掃除してから眠りにつきます。朝、きれいな台所に入るのはすがすがしいものです。

11 〝わずかなものから生み出す〟発想を持って料理するよう心がけています。豪勢な食材がなくても、ほんの少しの草や実、粉、米などを工夫すれば、とても豊かな食卓になります。

12 大鉢にたっぷりの果物を盛っています。見るだけで豊かな気持ちになり、食べれば元気をもらえるので、欠かせません。

13 冷蔵庫は詰め込み過ぎず、風通しを良くしておきます。限られた食材のほうが想像力が湧きますし、素材が新鮮なうちに食べ切ることができるからです。

14 いつも同じ場所に同じ花器を置き、枝ものや花を活けています。こうすると、木が同じ場所で四季折々に変化するように、季節が流れていくのを感じます。

15 活ける花や枝は買ってくるのではなく、庭や散歩する林の中で見つけます。

16 子どもに対する既成概念を持たないようにしています。〝子ども〟というよりもひとりの〝人〟として付き合います。

17 自分の運命に感謝し、かなえたいことは自分でかなえるのが、わたしの信念です。

18 自分の直感を大切にし、情報に翻弄されないようにしています。子育ても、まわりと比べることなく、自分と子どものペースで進めています。

19 自然や人との触れ合いを通して、自分にとって本当に必要なものは何かということを見つめ直します。そうしているうちに、物欲にセーブをかけることができます。

20 ものを買うときには値段で判断するのではなく、〝本当に好きか、ずっと愛していけるか〟を第一に考えて決めるようにしています。

21 庭でいろいろなハーブを育てています。特に用途は考えずにたくさんの種類を植えておくと、料理を作っている途中にも、定番の使い方以外の新しいアイデアが生まれます。

22 暮らしでは何ごともめりはりを大切にし、豊かであることと質素であることの両方のバランスをとるようにしています。

挿画　フジマツミキ

38歳　津上みゆきさん（画家）

スケッチを重ねるような、日々の「生活記録」

わたしの朝ごはん

お気に入りの朝食は、ご主人も大好物のコーン入りケーク・サレ。野菜ジュースは、庭でとれたゴーヤのほかバナナなど数種類をブレンドし、スープもキノコがたっぷりで栄養満点。ケーク・サレを1本焼くと、3、4回分の朝食になるのだそう。

（上）庭に面したサンルームとアトリエがつながった津上さんの仕事場。スケッチを見直したり、下絵を構築する。サンルームの手前がアトリエで、桟の上には小品が置かれている。（左上）愛用する『モレスキン』のスケッチノートは、ハンディで紙質がなめらか。（左）家から中心街へ抜ける散歩道のひとつ。鎌倉は緑が濃く、空が広い。

散歩やガーデニングで、煮詰まる前にひと呼吸

キャンバスに色彩が踊るような津上みゆきさんの絵は、小さなイタリア製のスケッチノートから生まれます。

「描きたいと思うシーンに出会ったら、この『モレスキン』のノートにスケッチし、確認に何度も同じ場所を訪れるんです」と、津上さん。水彩やアクリル絵の具で描かれた作品は、一見抽象画にも見えますが、季節や風景を題材にした具象画です。「季節や自然を表層的にとらえるのではなく、自然と人が一緒の空間を共有していることに興味があります」と話す津上さんは、正確なスケッチ、エスキース（下絵）を経て、〝空間を読み込んでいく〟画家です。

そんな津上さんがご主人と横浜から越してきたのが鎌倉で、「適度に自然が近く、適度に都会的」だと言います。夫妻で暮らす昭和モダンな平屋の脇には小川が流れ、山裾の寺や住宅街を縫って10分も歩けば中心街へ。ときには小川を遡ったり、浜辺を歩いたり、山に登って海岸線を見晴らしたり、津上さんは買い物とスケッチを兼ねた散歩を毎日欠かすことがありません。

「散歩は大好きです。同じ道を通らないようにすれば、その都度新しい景色や店を発見できて。わたしは一日中

野菜に豚肉をのせたせいろ蒸し鍋料理は、脂が落ちて健康的。

梅干しから始まった保存食が、棚いっぱい。梅酒は玄米焼酎製。

「じょうずに育つとうれしい」といろいろなハーブを栽培。

アトリエにつながっている台所は、使い勝手も抜群で開放的だ。

絵だけに専念しているわけではなく、頭を柔軟にするため散歩や庭いじりをして、距離をおいてみることがよくあるんです。ガーデニングという、面の表現は、一種の絵画みたいでおもしろい。料理の彩りを考えるのも同じですが、全て間接的に絵につながっていきますね」

新鮮な発想や集中力のため、煮詰まる前にひと呼吸入れるバランスのとり方は、誰もが日常生活に生かせる知恵と言えるでしょう。

テレビもレンジもいらない、自然体の暮らしです

津上さんの生活にはおおらかなリズムがあり、朝食とお弁当作りも、焦らず手ぎわよく。

「朝ごはんはしっかりと食べ、何種類も野菜を使ったジュース、しょうが入り野菜スープ、パンのような具材入りケーキ、ケーク・サレを作ることも多いんです。大変そうに見えても、ジュースはハンドミキサーの『バーミックス』でつぶし混ぜるだけ、スープは鍋で煮るだけ、ケーク・サレは粉と具を混ぜてオーブンで焼くだけ。どの料理も付きっきりでいる必要はなく、簡単なんです。夫のお弁当は朝炊いたご飯に作り置きのお惣菜などを添え、あとは焼き魚とか、調理するのは一品で済ませちゃう。全て一連の流れで料理するから、スムーズなんですよ」

最近購入したバーミックスと、空気を抜いて真空にできる食品保存容器は大活躍しているそう。一方、台所には電子レンジがありません。

100％絵を描くための
陽光にあふれる白い空間に、
余分な家具はありません。
潔く美しいアーティストの部屋。

（左）右の棚はご主人作で、顔料の瓶がぴたりと収まる。道具整理は、トレイが深くものが倒れにくい美容サロンのワゴンを利用。（右）台所の壁には日々の会話や予定が書き込まれたカレンダー。

「なくても困らないし、わたしはせいろのほうが料理がおいしくできると思うんです。健康的な蒸し料理のほか、料理をちょっと温め直すにも便利で、何段も重ねると複数の調理が同時にできます。とても多機能で合理的な調理器具だと感心しますね」と言う津上さんの生活空間には、テレビもエアコンも見あたりません。本当に必需品だとは思えないからです。

「6年前、岡山県倉敷市にある大原美術館の招聘で、故児島《こじま》虎次郎《とらじろう》画伯のアトリエで滞在制作をした経験があります。自然採光が美しい大正期の建物で、日没とともに仕事が終了する農業のような生活を送り、時間や光の移ろいにより敏感になりました。そして、不便を容認することも大切だと考えさせられたのです」

倉敷ではもうひとつ、忘れられない発見があったと津上さんは続けます。

「戦前に漬けられた梅干しを食べて、その滋味深さに感激したんです。以来、自分でも梅干しを漬けるようになり、しかも梅干し作りは季節の移り変わりを体感できることから毎年続けています。いまでは梅酒、梅酢のほか、かりんやしょうがの蜂蜜漬け、豆と米こうじのお味噌までレパートリーが広がりました」

食品庫の棚には、漬けた年ごとに違う色合いの保存瓶が並びます。

「なんでも実験してみようと、冒険する気持ちが大事。失敗したらしたで、それも経験です」と津上さんは、気負うことなく自然体です。

自然と暮らしのリズムに密接につながった創作

倉敷での生活を経て、太陽の動きと自然の営み、そのなかの人間の暮らしという関係に思いが向くようになったと言います。そして、二十四節気（古くは農業暦として人々の生活のなかにあった暦の指標）をモチーフにした「View-24seasons, 2005-08」という24枚で1組の作品を制作しました。風景と光、時間の流れを日々スケッチし、絵画にした作品です。実際に津上さんが目にし感じた日常の美しさが、濃密な色彩と形で表現され、独自に季節を捉えています。

「現代社会では、カレンダーに人間が合わせて生活していますが、本来は自然のなかで人間が暮らしやすくするために暦を作り利用してきたし、かつては多様な暦があったのでしょう」と話す津上さん。野菜を育て、季節の保存食を作り、食においても、振り回されることなく、季節を暮らしに取り入れているのです。食べるものも自分で選び、責任を持ちたいと言います。

津上さんが描く風景画のあり方と、自然のなかにある生活のリズムはつながっています。スケッチを重ねるように暮らしを記録する津上さんは、巨視的にも生活を見つめているのです。

つがみ・みゆき　1973年、東京生まれ。大阪で育ち、98年、京都造形芸術大学大学院芸術研究科修了。VOCA展2003VOCA賞などを受賞。国立新美術館「アーティスト・ファイル2009　現代の作家たち」に選ばれる。美術館、医療・福祉施設などへの納入実績も多数。

暮らしの「大切なこと」を拝見します。

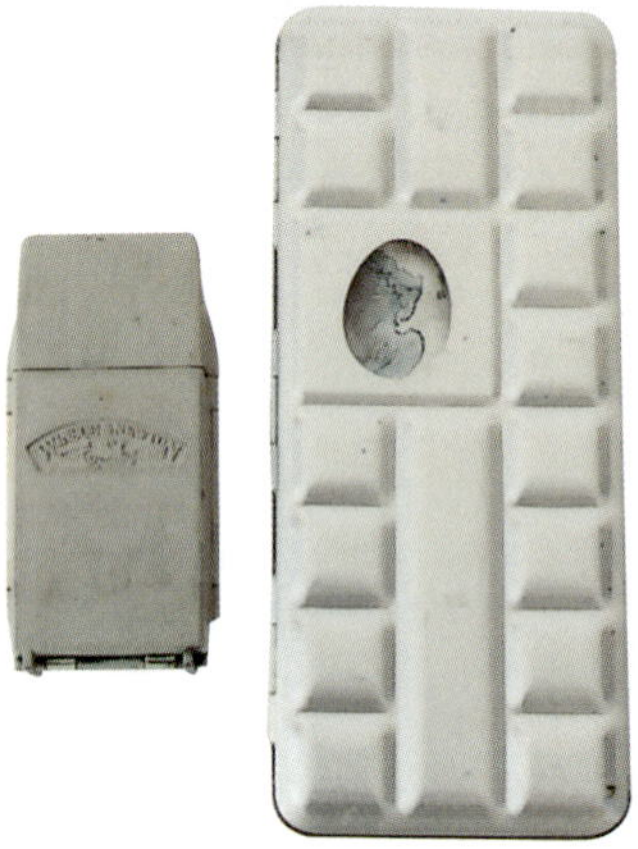

携帯用のスケッチセット。(右上)『モレスキン』のものともう少し大きめのスケッチブックを、いつも２種類は用意している。(左) パレットと携帯絵の具セット。(左上) 洋筆と和筆をきちんと分けて個別のケースに収納し、仕事がしやすいよう道具を整理している。デッサンなどの鉛筆は『ファーバーカステル』のものを使用。異なるラインが描けるように、鉛筆の削り方を変えている。

同じ質問、それぞれの答え。
津上みゆきさんの場合。

Ⓠ 夜寝る前に読む、好きな本を教えてください。

Ⓐ じっくりと新聞を読みます。いつもひとりで仕事をしていると自分が閉じていくような気がし、新聞を読むことで客観的に物事が見られるようになると思うのです。

Ⓠ 身体のためにいつもしていることを教えてください。

Ⓐ 腰痛や肩こり解消のため、毎日ストレッチ運動を欠かしません。

Ⓠ 他人にしてもらって、一番うれしいことは何ですか?

Ⓐ 笑顔を返してもらうこと。

Ⓠ 生きるうえでの理念、ポリシーを教えてください。

Ⓐ 努力、才能、運、の三つがそろい、三者のバランスが均等にとれてこそ、ひとつのことをなし得る。さらに、才能を磨くのも、運を引き寄せるのも、努力しだいだと信じています。

Ⓠ 元気のないとき、どうやって気持ちを切り替えますか?

Ⓐ わたしは仕事でも私生活でも落ち込むことはほとんどなく、「スランプという言葉は、何かを大成した人間しか口にすることを許されない」と聞いたことがありますが、そのとおりだと思います。制作中に迷ったときは、原点、つまりスケッチをした場所に立ち返り、なぜ描きたいと思ったかを再確認して、また制作にとりかかります。

Ⓠ 食事をするうえで大切にしていることは何ですか?

Ⓐ 三食きちんと食べること。生で両手いっぱい、調理して片手いっぱいを一食分の目安に、野菜をしっかり食べること。

Ⓠ 一番好きな家事と苦手な家事を教えてください。

Ⓐ 料理が好きです。じっくり買い物ができる市場や個人商店は好きですが、大量の中からものを選ぶ量販店での買い物は苦手。

Ⓠ お金との付き合い方で心がけていることは何ですか?

Ⓐ 形に残すことより、身になることにお金を使いたいと思います。

散歩中に見つけた風景を描く。スケッチは制作の原点、この段階ですでに完成図が見えているのだと津上さんは言う。

(左) 携帯スケッチセットを入れる実用的な小型トートバッグは、『東急ハンズ』の景品を使用。キッズ用のリュックサックを使うこともある。(右) 就寝前にじっくりと読むのは新聞だが、本ならハンディな文庫本。いまは司馬遼太郎に凝っている。

津上みゆきさんの暮らしのヒント

感受性豊かに暮らしを創造する画家の津上さんの、子どもの美術教育から、アートの親しみ方まで、幅広いヒントです。

今日はなにを

1 何でも「やってみようか」という気持ちが大切だと思います。梅干し作りもこの精神でトライしてみたら、いまでは生活の歳時記になりました。

2 カレンダーは便利です。「今日のごはんはおいしかった」などイラストマークを作って描き込めば共通の思い出になり、家族のコミュニケーションにもなります。

3 窓をきれいにしてみてください。明かりが差し込み、一日の始まりと終わりを身近に感じ取れるようになります。

4 わたしは電子レンジを使いません。その代わりにせいろの「蒸し鍋料理」を積極的に取り入れ、健康的な食生活を心がけています。

5 びわは実を食べるだけではなく、種を焼酎に漬けています。滋養があり体質改善にも効く、おいしい飲み物です。

6 しょうがは冷え対策に良く、わたしは毎朝スープに1片入れています。

7 画材などは、美容サロン用のワゴンに収納しています。プロ仕様の機能的な道具は、小物整理にも重宝します。

8 家族のお弁当を作るとき、自分のぶんも作ってみてください。まとめて作ると楽で、忙しい日にはお弁当があると大助かりです。

9 メモ帳や小さなノートを、日ごろから活用しています。日常の考えや意識をメモする習慣をつけると、思考を構築しやすくなると思います。

10 ナイフなどで鉛筆を削ってみてください。芯を長く削ると、寝かせて使えばシャドウが描け、先端は細い線描きに使えて便利です。子どもに教えてあげると、大喜びで遊び始めます。

11 もし、わたしが子どもに絵を教えようと思ったら、まず〝本物〟を見せると思います。現代の美術教育ではなかなか教えてくれない豊かさに、小さなころから直に触れることが大切だと考えるからです。

12 絵をはじめ全ての芸術には、わからないものがあって当然です。わたしも激しい音楽が理解できません。自分が感動できるかどうかで、芸術に親しんでみてください。

13 わたしは、なるべく最少限の持ち物でスケッチに行きます。パレットや水差しなどの道具は、市販のプラスチックボックスに収納してバッグに入れています。防水もでき、コンパクトにまとまって便利です。

14 わたしは、創作の合間に散歩や料理、ガーデニングなどをします。新鮮な発想や集中力のために、煮詰まる前にひと呼吸入れて、バランスをとるのです。

15 簡単なハーブ作りはおすすめです。ちょっと空いた地面や植木鉢に植えておくだけで、料理が楽しくなります。

16 ご飯を炊くのには、炊飯器ではなく土鍋を使っています。炊飯時間も短く、ふっくらと炊き上がります。

17 たまに、三谷幸喜さんのお芝居で思い切り笑います。喜劇は活力源となり、気分転換にも役立ちます。

18 夫婦や家族間の思いやりやルールを、大事にしたいと思います。たとえば、主人は帰宅の1時間前には電話をしてくれますが、こんな単純な約束ごとが生活を円満にしてくれるのです。

19 生活は日々、流れていきます。ふだんの生活で、「ありがとう」という言葉を確認しながら口にしてみてください。この言葉を繰り返していくことで、感謝の意識が形となっていくのだと思います。

20 住む場所を選ぶときには、自分に適した感覚を重視します。古くから人が住む町は、自然との付き合い方や生活を支える基盤が最初から備わっているので、住みやすいと思います。

21 料理を作るときは、食べ切れる分量を基本にしています。そのほうが無駄もなく、合理的です。

挿画　フジマツミキ

45歳　門倉多仁亜さん（料理家）

自分で考え、工夫する。無駄なくシンプルに暮らします

わたしの朝ごはん

休日に楽しむ、〝ドイツ人が理想とするような朝食〟。雑穀入りのパン「メアコン・ブレートヒェン」の半分にはレバーペーストを、もう片方には、ドイツのカッテージチーズ「クワルク」ふうにヨーグルトで手作りしたクリームを塗って。

作業スペースにものを出すのは、料理中だけ。

ふだん使いの食器はこれが全て。最上段の白い皿は、ドイツではふだん使いの定番である『トーマス』社製で、この三つのサイズがあればたいてい事足りるという。

ヒヤシンス栽培用の花瓶は、花を活けるのにも重宝。

ものを取捨選択して こざっぱりと気持ち良く

都心のマンションにご主人と暮らしながら、ここで料理教室を開く門倉多仁亜さん。その台所は、料理家の仕事場としてはコンパクトで、かつ、とてもこざっぱりとしています。ものは一切出ていない作業スペース。台所道具もふだん使いの食器も、すべてはシンク下や吊り戸棚に収まり、空いた棚さえあるのです。

「なるべくシンプルに、すっきりと暮らしたいと思っています」と多仁亜さんは言います。日用品の買い置きはしない。ものは何でも必要なときのみ、よくよく考えて買い求めます。

「ウィンドウショッピングはしません。見ればほしくなってきりがないし、衝動買いは失敗の元。買っても使わないものがあるのは苦痛なのです」。ファッションは流行に左右されない服を選び、色のきれいなスカーフやバッグでアレンジを楽しむことにしています。

リビング・ダイニングを拝見すると、ソファやテーブルの置かれた空間は、小さなはたきひとつにも置き場所が定められ、実に気持ち良く片付いています。そして、洋の空間に不思議となじんでいるのが、二棹の古い和箪笥です。

「古い和箪笥は長く使われてついた傷にも味わいがあって、使い込めばさらに味が出る。マンションの部屋にも温かみを与えてくれるんです。無垢の木でしっかりと作られていて奥行き

ヒヤシンスの花瓶はドイツのアンティーク。

（上）焼き上がったケーキを冷ます。
（下）子ども時代の思い出の写真。そこに必ず写っているお皿は宝物（P.127参照）。

古風なコーヒータイムには、手作りのケーキのほか、テーブルクロス、花、キャンドルが欠かせない。「キャンドルスタンドがない場合はこうして、ひっくり返したグラスの底にのせるといいですよ」

もある、そんな実用的なところもいいですね」

　箪笥のひとつの引き戸を開ければ、グラス類がぎっしり。ご主人のDIYで棚板が取り付けられ、容量のあるスペースを無駄なく使い切っています。古いものにも躊躇なく手を入れて、インテリアとしてだけでなく、実用的に生かしているのです。下段の引き出しにはアンティークのコーヒーカップが詰まっていますが、これも蒐集品ではなく、おもてなし用の実用品。

「古いものも使い勝手良く。わたしにとって、ものを大事にするってそういうことです」

ドイツが教えてくれた簡素でも味わいある暮らし

　ものを厳しいくらいに取捨選択した結果のシンプルさ。加えて、ものを先入観なく見て実用的に生かす合理性。そんな多仁亜さんのまなざしと自ら工夫する姿勢は、どのようにして育まれたのでしょうか。

　日本人の父とドイツ人の母の間に生まれた多仁亜さんは、ドイツ、アメリカ、日本と、幼いころから世界各地を転々としながら育ちます。どこに行ってもつきまとう、自分はよそ者だという感覚と、では何者なのだという問い。それは早くから、自分のなかにあるふたつの国に目を向けさせ、いつしか、「ドイツと日本を結

お母さまから譲られた和箪笥。中にお酒をしまい、「ホームバー」として使っていた時代もあるそう。

常識はひとつではないから、
人に合わせ過ぎない。
自分のスタイルを持つと、
気持ちが楽になります。

ご主人のお父さまを祀り、好物だったポテトチップスを供える。しつらえにも愛情が感じられる。

ぶ仕事がしたい」と考えるようになったと言います。そしてまたドイツこそが、合理的でシンプルに暮らす豊かさを教えてくれたのです。

ごく幼いころ、ドイツの祖父母のもとで暮らした多仁亜さん。「祖父母の暮らしは質素・倹約そのもの。外食など無駄だと、どこへ行くにもお弁当を持って出かけましたが、それはドイツではふつうのことなんです。ドイツの個人消費の割合は、日本よりずっと低いんですよ」

では、そんな暮らしが味気ないものかといえば、それは違うようです。たとえば、古くからの習慣の「コーヒータイム」。誰かと親しくなったなら、食事ではなく、お茶の時間に自宅に招く。そして、きちんとテーブルクロスをかけて花を飾った食卓で、手作りのケーキを振る舞い、おしゃべりに花を咲かせるのです。また、朝の散歩に友だちを誘い、新鮮な空気を味わいながら一緒に歩くという習慣もあるのだとか。

「いい運動になるし、友だちと会話もできる。これは一石二鳥だという、なんともドイツ人らしい合理的な考え方なんですね」と多仁亜さんは笑います。「母も祖父母も、ドイツ人はとにかく考えることが好き。〝いや、もっといい方法があるはずだ〟と、常に工夫するのです」

多仁亜さんの書斎には、テレビ台として使っている和箪笥がありますが、これはお父さまの実家にあったのを、お母さまが譲り受けて長年使っていたもの。背面に穴があいているのは、電話機のモデムを収めてコードを通していた名残りです。ものを先入観なく生かす姿勢は、母から娘へ受け継がれたものだったようです。

人生の時間の使い方も合理的に、心豊かに

「日本とドイツを結ぶ仕事がしたい」という、ずっと抱いていた思い。いま、多仁亜さんは料理家として、ドイツの伝統的な料理や、その背景にある生活文化を紹介しています。自宅に生徒さんを招いて料理を教えるのも、部屋作りや整理整頓術も含めて、ドイツ流の合理的な暮らし方を知ってほしいと願ってのこと。

「でも、ドイツ流といっても、決まりがあるわけではない。自分で考えて、自分のやり方でやるのです。あえて言うなら、〝いきなり自己流〟がドイツ流でしょうか」と笑います。

毎日こまめに部屋を片付け、埃に気づいたらほうきで掃く。その代わりに、掃除機をかけるのは週1回として、時間を節約。週末はご主人と一緒にお気に入りの街まで歩いて行き、往復2時間の間にたっぷり会話を楽しむ。そんな時間の使い方は合理的で、なんとも心豊かです。〝合理的〟とは、効率を追い求めることだけではなく、人生をより良く生きるためのひとつの方法。多仁亜さんはそう教えてくれるのです。

かどくら・たにあ　料理家。１９６６年、兵庫県生まれ。幼少期はドイツやアメリカで暮らし、大学卒業後は外資系証券会社に勤務。夫の留学先のロンドン在住時に、「ル・コルドン・ブルー」で料理と製菓を学ぶ。２００９年に夫の故郷の鹿児島に家を建て、毎月の帰省を楽しんでいる。

暮らしの「大切なこと」を拝見します。

1歳から一緒のバビちゃん。多仁亜さんの子ども時代の靴下を履いている。

ロンドン在住時に集めた1820年代のアンティークは、おもてなしに。東洋趣味の絵柄がかわいらしい。

クッションカバーは、ご主人の鹿児島の実家にあった帯で手作り。中材は『IKEA』で安く購入。

同じ質問、それぞれの答え。
門倉多仁亜さんの場合。

Q　夜寝る前に読む、好きな本を教えてください。

Ⓐ　サマセット・モームの小説は何でも好きで、繰り返し読んでいます。彼の小説の主な舞台はコロニアル時代のアジア。イギリス人駐在員が現地の人々と心を通い合わせる話など、ふたつの文化のありように自分を重ね合わせているのかもしれません。

Q　身体のためにいつもしていることを教えてください。

Ⓐ　ふだんからなるべく歩くようにしています。週末は夫と一緒に、銀座、神田、日本橋などへ、往復2〜3時間かけてウォーキング。10年来の習慣ですが、風邪をひきにくくなったように思います。

Q　他人にしてもらって、一番うれしいことは何ですか?

Ⓐ　お茶を淹れてもらって、ふたりで話をすること。夫のお姉さんとも、よくこうして話します。「まあ、ちょっと座りなさいよ」というような、何かほっとする時間ですね。

Q　生きるうえでの理念、ポリシーを教えてください。

Ⓐ　自然体であること。人のまねごとではなく、自分のやり方でやる。無理せず見栄を張らず、でも、できる努力は精一杯して。あとはなるようにしかならない、最後はなんとかなるものだと思っています。

Q　元気のないとき、どうやって気持ちを切り替えますか?

Ⓐ　音楽やラジオを消し、テレビなどの情報を遮断して過ごします。あるいは、本や新聞を持って喫茶店へ。静かで心休まるひとりの時間を作り、自分をリセットします。

Q　食事をするうえで大切にしていることは何ですか?

Ⓐ　食事はなるべく手作りし、肉・魚・野菜などをまんべんなく食べるようにしています。とはいえ、忙しいときは市販のお惣菜も利用しますし、日々のなかでバランスをとるようにしています。

Q　一番好きな家事と苦手な家事を教えてください。

Ⓐ　料理は子どものころから大好きで、さほど苦にならない家事です。苦手なのはシーツ交換。大きなシーツを広げるのが面倒なのです。

Q　お金との付き合い方で心がけていることは何ですか?

Ⓐ　ウィンドウショッピングはせず、衝動買いをしないことです。

S・モームは、この2冊をお母さまよりもらってから愛読書に。

手拭いを縫ったナプキン。「和柄ってかわいいですよね」

歩くときはふだん着で、このウォーキングシューズを履いて。

手作りジャムを販売し、売り上げは先の震災の義援金に。箱は鹿児島で買った、餅などを入れる「もろふた」。

門倉多仁亜さんの暮らしのヒント

ものとの付き合い方も
人との関わりも、
そして時間の使い方も
シンプルで心豊かに。
自分らしさを芯に、
日々を大切に過ごします。

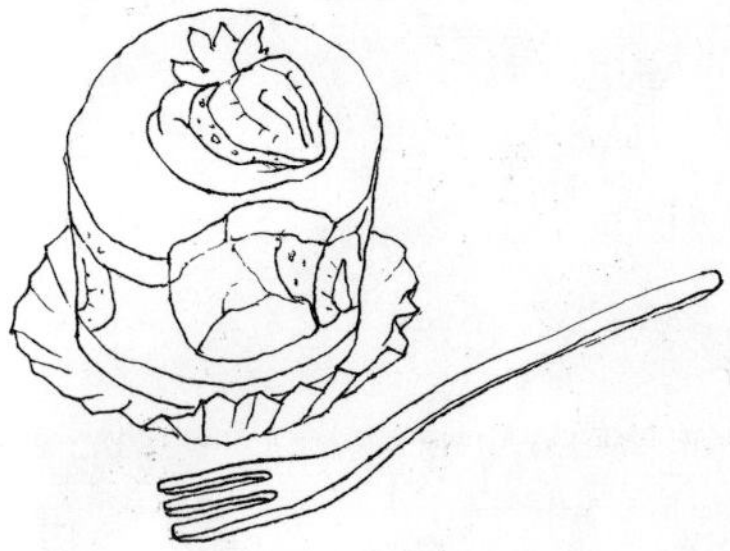

今日はなにを

1 常識はひとつではないと思っています。だからこそ、自分の基準をしっかりと持ち、また同時に、他人の意見に耳を傾けます。

2 週末は夫と一緒に都心の街までウォーキングをし、食事やお茶を楽しんで戻ってきます。2〜3時間歩くと良い運動になるうえに、ふだん思い浮かばないことにまで会話が及び、お互いの考えがわかるようになります。

3 すっきり片付いていても温かみのある、心地良い空間作りを心がけます。自然素材のダイニングテーブルや古い和簞笥は、経年による傷も味わいとなり、温かみを醸し出してくれています。

4 ときには、中途半端に余った食材、残っているいただきものを使い切る料理に挑戦します。工夫する楽しさが味わえ、家の中も気持ちも、すっきりします。

5 レシピを見なくても作れる得意料理を身につけます。そんな料理が三つだけでもあれば、お客を招くにも気持ちが楽になります。

6 たとえば、レシピにワインビネガーとあってもレモンや米酢を使うなど、調味料はその役割を考えて、いろいろなもので代用してみます。新しい発見があり、食卓の話題にもなります。家庭料理は毎日同じ味ではないからこそおいしいのです。

7 毎日無理をしてごちそうを作る必要はありません。ときには夕食も、スープ、パン、サラダと簡素に済ませ、心身を休ませます。

8 料理は食べ切れる量を作り、もし余ってしまったら、翌日中に食べ切るようにします。冷蔵・冷凍保存は食べ忘れの元です。

9 冷凍庫には、鰺の炒り子、さつま揚げ、ベーコンブロック、バターをストックしています。いずれも料理にコクを与えてくれる便利な食材です。

10 部屋には植物を飾ります。まめな性格ではなくとも、週に1〜2回の水やりで元気に育つ、観賞用アスパラガスやパキラなどの植物を選べば安心です。

11 忙しくて混乱しそうなときは、やるべきことに優先順位をつけ、ひとつずつこなします。やりたいことがたくさんあっても、一度にひとつしかできないのだと心得ます。

12 ものは必要なときだけよく考えて、本当に気に入ったものを買います。買っても使わないものが家にあるのは苦痛だからです。

13 ファッションは流行を追わず、ベーシックな服を基本に、色のきれいなスカーフやバッグでアレンジを楽しみます。

14 「ものは少なく」をモットーとしていますが、買い物を我慢し過ぎるとストレスになります。そこで、スカーフとテーブルクロスはときどき買ってもいいと、ルールを設けています。

15 月に一度の「カルチャーデー」を設け、母と一緒に展覧会や花見などへ出かけます。お互い多忙な毎日ですが、この日はゆっくり話ができ、興味のある催しも逃さず、一石二鳥です。

16 友人4人と年に3〜4回の読書会を開いています。自分ではまず手に取らない本を読んだり、みんなの意見を聞くことで、世界を広げることができます。

17 お客を家に招くときは、水まわりがきれいか確認し、花を活けます。また、料理にかかりきりにならず、自分もおしゃべりを楽しめるよう、手早くサーブできるメニューを工夫します。

18 子どもはいないものの、ときどき友人の子どもを誘い、自然公園や映画館などへ遊びに行きます。一緒に楽しみ、子どもの無邪気なエネルギーをもらいます。

19 何かをいただいたとき、そのお返しは急ぎません。帰省したとき、土地の珍しい地酒や旬の果物を探して贈るなど、気持ちのこもったお返しを贈ります。

20 買っても使わずに持っているもの、不要ないただきものは、NPO法人が運営するリサイクルショップへ送り、ボランティア活動に役立ててもらいます。

挿画　フジマツミキ

38歳　浅岡みどりさん（グリーン・コーディネーター）

心を自由にして、毎日新鮮な気持ちで植物と向き合います

わたしの朝ごはん

天然酵母の食パンにチーズをのせ、オリーブオイルと塩こしょう少々。白湯とほうじ茶で水分補給を。

今年植えたのは、マルバアサガオの一種。

前の日につぼみをコップに活けておくと、翌朝、花開く様子を室内で楽しむことができる。

5月中旬にアサガオの種を蒔くのがここ数年来の習慣。8月には緑のカーテンが完成する。

誰もが知っている植物も育ててみることで発見がある

米軍ハウスに手を入れた、小さな庭つきの一軒家。浅岡みどりさんの自宅の南側に、今年もアサガオの「緑のカーテン」ができ上がりました。植物が夏の日差しを遮り、室内に涼をもたらす「自然のエアコン」として、近年注目を集めているグリーンカーテン。カーテンの陰に入ると、心地良い清涼感がほんのり感じられます。

「何か植物を育ててみたいと思ったとき、アサガオはとてもいい入口なんです。日本人にとって身近な花だし、種を蒔いてから花が咲くまでのサイクルが短い。育て方も、小学生でもできるくらいですから、比較的簡単です」

日本の夏の風物詩。誰もが知っている存在ですが、つぼみがどんなふうについていくか、花はどんなタイミングで開くか、そして今年のアサガオの季節はいつごろ終わるか。頭では知っているつもりでも、本当のところは実際に自分の手で育ててみないとわからないし、育てるたびに新しい発見があると、浅岡さんは言います。

一般的に知られる「園芸家」ではなく、「グリーン・コーディネーター」という肩書きを名乗っている浅岡さん。そこには「自分はまだ、園芸家と名乗るのは畏れ多い」という謙虚な心構えと、「園芸家というくくりとは違う、人と植物を結びつけるような仕事をしていきたい」という思いがあるそうです。

心を自由に保っておくことで、新しい考えや新鮮な発想が自然と芽吹いていきます。

古い建具を、強い日差しが苦手な植物の日よけとして活用。

小さな庭なので、大きく育ち過ぎない鉢植えが中心。

庭のウッドデッキは、ご主人とふたりで作ったもの。

手作りの作業台。雑貨店で見つけた引き出しを取り付けた。

たとえば数年前、それまでごみの山だった空地を、児童館に通う子どもたちと一緒に菜園や花壇に作りかえるボランティア活動をしていた時期がありました。子どもからの自発的な提案で、池作りに挑戦したり、野菜を育てて収穫を分け合ったり。また、自身が園芸を学んだ母校では「英語で学ぶガーデニング」というユニークな講座を開講しています。寄せ植え作りやスプラウトを育てるなどの園芸の実践を行いつつ、全ての工程を英語で解説。園芸の知識を学びつつ、語学力の向上を目指した「たぶん日本では唯一」の授業は話題に。どちらでも浅岡さんが心がけていたのは、心を自由に保ちながら、緑との触れ合いを楽しんでもらうことでした。

「わたし自身が、知識の詰め込み教育がまったくダメなんです（笑）。20代の半ばでアメリカに留学をしたとき、新鮮だったのが、向こうの先生はとにかく明るくて、ほめて育てるのがあたりまえなんですね。楽しませながら、遊ばせながら、自然に学びの道に導いていく。わたし自身も『こうすべき』と縛られると、頭が真っ白になり、逆に心が自由だと、発想がどんどん生まれてくるタイプ。自分が大切にしていることを、子どもや学生にも伝えていきたいという気持ちがいつもあります」

知識を深めることは広い世界とつながること

園芸の世界は日進月歩。新しい品種が続々と

（右）庭に咲いた花は、気取らず、コップなどに活ける。（左）棚の上のガラス器はお手製の「テラリウム」。一度水をやると水分が循環し、放っておいても元気に育つ。

居間にある「種箪笥」。古道具屋で見つけた小引き出しに、植物の種を収納している。

生まれ、肥料や資材なども年々進化していきます。浅岡さんには園芸店や山野草店など、何軒か「定点観測」のように足を運ぶお店があり、縁があって手にした種は、とりあえず土に蒔いてみます。そして心惹かれた植物は、必ず学名を調べ、ノートに記録しているそうです。

「国によって呼び名はそれぞれですが、どんな植物にも必ず、万国共通のラテン語の学名がつけられています。学名からは、どの植物と親戚で、どんな性質を持っているか、おおよそのことがわかります。そして学名さえ知っていれば、どんな国のどんな時代の人とも、植物を介してつながることができるんです」

そもそも種を蒔いて育てる行為は、ほとんどの場合、ひとりで行う孤独な作業です。でも学名さえ知っていれば、本や雑誌やインターネットで、どこかの国の園芸家が同じ植物を育てていることを、いつかある日、知ることができるかもしれません。その人の素性をまったく知らなくとも、「同じ植物を育てた手間と喜びを、この人は知っている」――その温かな共有感覚は、性別も、世代も、国境も、時代も超えてしまう格別なものなのだと浅岡さんは言います。

「でもきっと、こういうことは植物に限らないんですよね。たとえばサッカーや、手芸や、科学分野の学問研究でも、きっと同じような喜びや発見があると思うんです」

深く狭く、特定の人にしか通じないと思われがちな専門知識。でもそれを深めていく学びの道のりは、遠く広い世界につながる回路を手にすることでもあるのです。

かけがえのない時間の大切さを植物から教わる

「植物を育てる楽しみは、その日、そのときに見ないと消えてしまう、そして美術品や工芸品などと違い、人の力では絶対に作ることができない『瞬間的な美しさ』を味わえること。お金ではなく『時』が重要だし、それは植物を育てている人しか味わえない、究極のぜいたくだとわたしは思っているんです」

たとえば、まだ太陽が昇り切らない、空気が澄んだ夏の早朝に、丹精したアサガオが一斉に花開いた瞬間。その場に居合わせることが、偶然のような必然のような「時」。植物を育て続けることは、そういう奇跡のような瞬間を、常に意識させてくれるのです。でもよく考えてみれば、わたしたちの暮らしもまた、同じ瞬間は、二度とめぐってくることはありません。一瞬一瞬のかけがえのなさと、どんなことがあろうとも常にめぐってくる新しい季節と、命の息吹。浅岡さんは、今日もまた庭仕事を続けながら、たくさんの喜びと恵みを、植物たちから受け取っているのです。

あさおか・みどり　グリーン・コーディネーター。1973年、東京生まれ。恵泉女学園短期大学園芸生活科卒業後、造園会社勤務を経て、テンプル大学ランドスケープホーティカルチャー学科を卒業。雑誌・書籍を通じ、園芸に親しむ提案を行う。恵泉女学園大学非常勤講師。

暮らしの「大切なこと」を拝見します。

植物の学名やスケッチを書き残している。下の絵はフランスの「モネの庭」。

健康と美容を支えるもの。玄米黒酢とお灸、スキンケア用のオリーブオイル。

冬に外出するときは、バッグにみかんやネックウォーマーをしのばせて。

同じ質問、それぞれの答え。
浅岡みどりさんの場合。

Q　寝る前に読む、好きな本を教えてください。

Ⓐ　寝る前には、ほとんど本を読みません。ぼーっとソファに座り、その日一日を振り返ったり、翌日からの未来に思いを馳せたりする時間にしています。

Q　身体のためにいつもしていることを教えてください。

Ⓐ　朝起きて一番と、夜寝る前にストレッチをしています。主に、柔軟体操と骨盤を整える体操です。

Q　他人にしてもらって、一番うれしいことは何ですか?

Ⓐ　手作りのごはんをごちそうしてもらうことです。その人らしさが出るし、自分の知らない調理法など発見もあり、何より、心も身体も温かくなるからです。

Q　生きるうえでの理念、ポリシーを教えてください。

Ⓐ　心を自由に保つこと。そうすると、いままで想像したことがない楽しいアイデアが生まれるからです。そのためには、労を惜しまず、やれることは何でもやります。

Q　元気がないとき、どうやって気持ちを切り替えますか?

Ⓐ　庭に出て、植物の様子を見ます。庭や植物の小さな変化を発見すると、心がうきうきして前向きになれるからです。

Q　食事をするうえで大切にしていることは何ですか?

Ⓐ　自分で作るときも、外食をするときも、心のこもったものを、感謝していただくようにしています。

Q　一番好きな家事と苦手な家事を教えてください。

Ⓐ　洗濯物をたたむことは好きで、ものの整理整頓は苦手です。

Q　お金との付き合い方で心がけていることは何ですか?

Ⓐ　自分がいくら使ったかわからなくなるのがいやなので、クレジットカードは持ちません。海外旅行のときに不便なのが、玉に瑕ですが。

愛用の仕事道具。スコップ、自分で好きな色にペイントした土入れ、草花はもちろん針金も切れる万能はさみと手作りのケース。庭にまぎれると見つかりにくいので、はさみには明るい色のリボンを。

夏の爽やかさをイメージした寄せ植えを作る。好みの鉢が見つからないときは、素焼きの鉢に水性ペンキでペイントすると良い。背の高いマルバノキに、ヘリクリサム、ニチニチソウなどを合わせた。

浅岡みどりさんの暮らしのヒント

庭いじり、土いじりを
続けていると
自分のなかの「自然」も
素直に意識できます。
心と身体のバランスを
整えていくヒントです。

今日はなにを

1 街を歩いていて、きれいな色の組み合わせやおもしろい形のものを見かけたら、写真を撮るか、記憶してあとでメモに残します。いつかそれが庭作りに役立つときがあると思うからです。

2 心惹かれる植物は、必ず学名を調べてメモをとります。ラテン語の学名は万国共通で、知っていると海外で話が通じるうえに、植物の性質などもわかります。

3 直感を信じます。いくつかの選択肢で迷ったときは、頭であれこれと考えるよりも、好きか嫌いか、楽しいかそうでないか、自分の直感に立ち戻るようにしています。

4 努力はしますが、心と身体のバランスが崩れるような無理はしません。心の声に正直でいると、物事は自然と良い方向に向かっていくようです。

5 ふだん着は、カラフルに色で遊ぶようにしています。明るい色を身につけると、気持ちまで明るくなるから不思議です。

6 ときには、気分転換に旅に出ます。世界の文化や人々の生活を目の当たりにすると、自分が本当に大切にしたいものが見えてきます。

7 身体の調子を整えるために、ときどきお灸をします。そのとき部屋の照明を落とすと、リラックスでき、煙が立ち上っていく様子も幻想的で良いものです。

8 どうしても体調がすぐれないときは、水割りにした黒酢を飲みます。身体にすーっとしみわたり、すっきりします。割る濃度は、のどが渇くときは薄くするなど、体調によって変えます。

9 冬は、バッグにみかんをひとつしのばせます。外出先で、のどが渇いたときや小腹がすいたときに気軽に食べられて、あると安心です。

10 冬の外仕事では身体を冷やさないようにしています。帽子をかぶり、手袋をします。厚手の靴下を履き、急に寒くなったときは、ネックウォーマーの内側に使い捨てのカイロを貼るのがおすすめです。

11 心を自由にしておくと、良いアイデアが浮かぶので、自分の時間とペースを大切にしています。

12 寄せ植え教室で教えるときは、参加者それぞれの創造力と可能性を広げるために、植物の種類をできるだけ数多く用意するように心がけています。植物と向き合う時間と空間を提供するのが、わたしの役割です。

13 秋にはいろいろな種類の球根を買います。まだ誰も知らない春の光景をひそかに想像しながらそれらを植えて、待ちわびながら育てる冬の時間が、たまらなく楽しいのです。

14 植物の種が手に入ったら、とりあえず蒔いてみます。種から育つ小さい命を見ていると、愛着がわき、共に生きていることがうれしくもなります。

15 家の中に植物の緑があるとほっとします。グリーンは飽きることがなく、空気のようでいて意外と存在感があり、確実に部屋の雰囲気を変えてくれます。

16 年に数回通う園芸店や山野草店、植木屋、資材屋があります。行きつけのお店では季節ごとに発見があり、勉強になります。

17 自宅の壁や天井は自分たちでペンキを塗り直します。手入れをしている手ごたえが感じられ、愛着も湧きます。

18 リビングはなるべく天然素材でまとめるようにしています。プラスチックなどは目立ち、視界を遮るような気がします。

19 食後は、温かいお茶を飲みます。ほっとひと息ついて、次の仕事やその週の予定を立てるのにちょうど良い時間です。

20 葉ものなど簡単な野菜は種から、実もの野菜は苗を植えて育てます。食べると、大地の恵みをしみじみ実感し、感謝の気持ちでいっぱいになります。

21 オリーブオイルは必需品。朝食のトーストに、朝夕のスキンケアにと、毎日大活躍です。

挿画　フジマツミキ

時間のヒント　たとえばこんな、わたしの一日

津端修一さん・英子さんの一日の過ごし方
夕方6時になったら時計を止めて、休息します

5時　起床、畑仕事

日が出たら起き、日が入ったら休む。そんな自然のリズムで暮らしているので、5時起床というのは一例です。また、どちらかが先に起きて畑仕事をしていることもありますし、それぞれ気の向くままやっています。起きたらまず、畑から野菜をとってきて野菜ジュースを作り、1杯ずつ飲み干すのが習慣です。

7時　畑仕事終了、朝風呂

畑仕事は2時間で打ち切ると決めています。中途半端で気持ちが悪い、もう少しやりたいと思っても、〝やりっぱなし〟で終了。気持ちが乗っていると気づかないものですが、身体は知らず知らず、無理をしています。明日に疲れを持ち越さないためのルールです。

7時30分　朝食

わたし（英子さん）は、畑仕事の合間に朝食を作っておきます。土鍋で炊いてじっくり蒸らしたご飯は、修一さんに。わたしはトースト半分で充分です。朝は特に、畑の野菜をしっかり食べようと心がけています。

8時30分　家事など

それぞれの家事にとりかかります。とれた野菜をおいしく食べ切るためには、保存食を作ったり、料理して冷凍したりという作業が欠かせず、わたしは一日の大半を台所で過ごすといっても過言ではありません。一方、修一さんは30年来、洗濯を「ぼくの仕事」と言って楽しんでやってくれています。洗濯の合間にも手紙や原稿を書いたり、彼はとにかく時間の使い方がうまいのです。

10時　お茶

それぞれの仕事の手を止めて、ダイニングテーブルに集合。お茶とちょっとしたお菓子などを味わって、ひと呼吸おきます。それからお昼ごはんまでは再び、家事や原稿書きなど、それぞれの時間を過ごします。

12時　昼食

おそばやおにぎりなど、軽めに済ませる日が多いです。

13時　家事など、昼寝

午後もたいてい仕事に励みますが、夏は午後の1時間ほど、昼寝をすることも。

15時　お茶

再び顔を合わせて、お茶の時間を過ごします。

15時30分　家事など

18時　夕食、休息

18時になったら、修一さんが鳩時計の分銅を外し、時計の針を止めます。つまり、これで今日の仕事は終了ということ。あとは夕食を味わい、食後はふたりでテレビを見ることも。わたしのお気に入りは、BS放送の「小さな村の物語　イタリア」。家族をしっかりとつなぐ絆、名もない人たちの人生の深さが感じられて、いいなあと思うのです。わたしはテレビを見ながら編み物をし、そのあと、さらに別の手芸（いまなら白糸刺繍）にいそしんだり。でも、これも目が疲れるので、どんなに熱中しても1時間までと決めています。

20時〜21時　入浴

21時〜23時　就寝

昼間にめいっぱい働くので、朝まで熟睡します。

挿画　川原真由美
取材・文　大平一枝　田中のり子　青木由里

久野恵一さんの一日の過ごし方
予定が満載の旅も、食べて語り合って、疲れ残さず

7時　起床、朝食
一年の二分の一は、仕入れや展示会の打ち合わせなどのため、各地に出張しています。旅に出る前日には、荷物を全て車に積み、完璧にそろえておきます。当日の朝は1〜2分で身支度し、牛乳とホットサンドの朝食後、日本茶を飲み、30分後には出発しています。

7時30分　出発
九州などよほど遠くでなければ、自分で車を運転して行きます。ひとつのエリアで何カ所も立ち寄るので、車のほうが都合がいいのです。電車や飛行機のときは、着いたらレンタカーや知人の車などを借り、ぼくが運転します。鎌倉の自宅を出て間もなく、同行する仲間を乗せ、その後、お土産用の干物をいつもの魚屋さんで購入します。あらかじめ電話予約をしてあるので、開店前でも受け渡しはスムーズ。出張先で会う職人さんやお世話になる人などに差し上げるためのものです。

12時　到着、昼食
高速道路に乗って目的地に到着。地元の人が推す食堂や定食屋で昼ごはんを食べるのが、出張のひとつの楽しみです。この日の最初の目的地は新潟県長岡市。12年来通っている『青島食堂』で、絶品のチャーシュー麺を注文。シナチクをトッピングして950円でした。

13時　1件目の打ち合わせ
木綿織りや裂き織りのすぐれた作り手である佐藤多香子さん宅へ。最近作っているものを見せてもらったり、互いの近況報告、今後作ってもらいたいものの相談をします。佐藤さんは、ぼくの営む『もやい工藝』で「倉敷本染手織研究所の卒業生展」を開催したときに、できばえが群を抜いていたことからお付き合いが始まった人。伝統的な裂き織りでありながら、野暮ったくなく、洗練されてモダンなのです。お話が楽しく、約1時間、あっという間に時間が流れました。

作り手を訪ねて語り合う

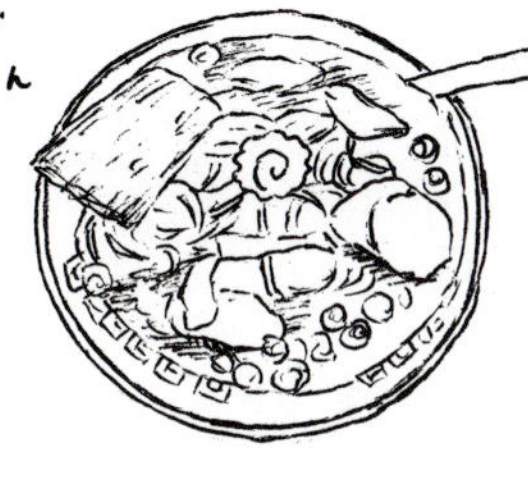
長岡で昼ごはん

15時　2件目の打ち合わせ
「手仕事逸品の会」について、長岡市のカレー屋『デイジー』にて打ち合わせ。これはぼくが発起人を務める「手仕事フォーラム」主催のイベントのひとつ。手仕事フォーラムは、全国のすぐれた手仕事を調査し、手仕事の品を取り入れた生活のすばらしさを広めるために設立しました。各地の会場で、これらの品々を展示販売しています。今回はここ『デイジー』で催すため、展示内容や納品について確認をしました。ついでに、店主の「カレー食べてく?」の言葉にのせられ、ついつい完食。添えられた自家製の山菜の漬け物も、忘れられない味です。

16時30分　移動、宿にチェックイン
竹細工の作り手に会うため、次の目的地、長野市へ車で移動。以前は職人宅を泊まり歩きましたが、いまは交通の便が良く、安くて快適なビジネスホテルに泊まります。お気に入りは『東横イン』です。

19時30分　夕食
同行の仲間と3人で居酒屋へ。夕食では、新しい店を自分の直感で開拓することが多いです。店の佇まいで決めますが、あまり外したことがありません。

23時　シャワー、事務仕事、明日の確認
シャワーを浴びてから、一日の仕事のまとめを手帳に細かく記録。打ち合わせで決まった納品予定品目なども、後日に持ち越さず、その日のうちに書いてしまいます。「鎌倉に戻ってから」と思うと忘れてしまうので。その後、明日のルートを地図で確認。途中で寄れそうな名所旧跡もチェックしておきます。

2時　就寝
朝から新聞を読んでいないので、ゆっくり読み、ベッドへ。いろいろやっていると、就寝はこのくらいの時間に。熟睡するので、疲れは残りません。

夕食は新たな店を開拓

石川博子さんの一日の過ごし方
徒歩15分の通勤時間が仕事と家庭生活の切り替えに

7時　起床、朝食の準備
起き抜けにコップ1杯の水を飲むのは長年の習慣です。まず洗濯機を回し、お茶を淹れてひと息ついたあと、朝食の支度を始めます。わが家は比較的少食なので、ご飯は1.5合で家族3人2食分。昨晩のご飯が残っていればそれを食べ、朝炊く場合は、それが夕飯にもまわります。

7時30分　朝食、身支度
家族一緒に食事をとり、後片付け。歯を磨き、洗顔。肌のお手入れはシンプルなほうが好きなので、化粧水をつけて、夏は日焼け止め、冬はクリームのみ。基本的にメイクはしません。着替えて、洗濯物を干して朝の家事は終了。

8時20分　出勤
自宅からお店までは、およそ徒歩15分。途中、5分は続く長い坂道があるので、「やせるぞ、健康になるぞ」と、自分を励ましたりしながら、登ります。荷物が重いと気がめいるので、バッグの中身はできるだけコンパクトに収めます。

8時40分　お店に到着
『ケメックス』のコーヒーメーカーを使って、ハンドドリップでコーヒーを淹れます。仕事を始める前にていねいに淹れたコーヒーを飲むと、「さあ、がんばろう」と前向きな気持ちになれます。メールをチェックし、必要があれば返事を書きます。ディスプレイの模様替えをしながら、掃除機をかけたり、モップや雑巾がけをします。ものがいい表情で並んでいるかどうか、時間をかけてチェックをします。

コーヒーを淹れる

11時30分　昼食
出勤途中で買ったパンなどで、軽めの昼食をとります。お店の中で食べるので、においが強くないものを。もう一度、ていねいにコーヒーを淹れます。

12時　開店
ビルの1階にあるプレートを、「CLOSE」から「OPEN」に裏返すのが開店の合図。接客をしながら、商品の発注作業や発送作業なども行います。お客さんには自由に商品を見て楽しんでもらいたいので、必要以上に解説や接客は行わないようにしています。直接納品に来てくれた、作家さんやメーカー担当者との打ち合わせなども、営業時間内に行います。

19時　閉店
プレートを「CLOSE」に返し、レジを閉め、戸締りを。

19時15分　帰宅
歩きながら、晩ごはんのメニューを考えます。帰り道も、重い荷物を持つと疲れてしまうので、食材購入は基本的に宅配サービスを利用。必要があるもののみ、購入して帰ります。

19時30分　夕食の準備、夕食、片付け
休むとやる気がなくなるので、部屋着に着替えてすぐ夕食の支度を開始。平日は30分程度でできるメニューで。時間をかけて作る料理は、週末のお楽しみにとっておきます。食後の片付けまで休まずに行います。

20時30分　くつろぎの時間
夫にお茶を淹れてもらって、ちょっと甘いものをつまみながら、ここでようやくくつろぎの時間に。テレビでニュースを見ながら、ソファに座ってぼーっとしています。ここで頭のなかをからっぽにすることで、その日の疲れをリセットしているようです。

23時　入浴
湯船に必ず浸かり、疲れをとるようにしています。

23時30分　就寝
寝る前にも1杯の水を。寝付きはとても早いです。

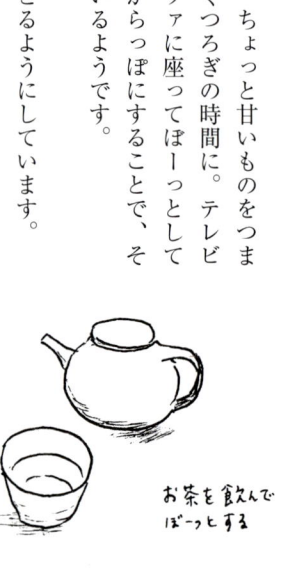

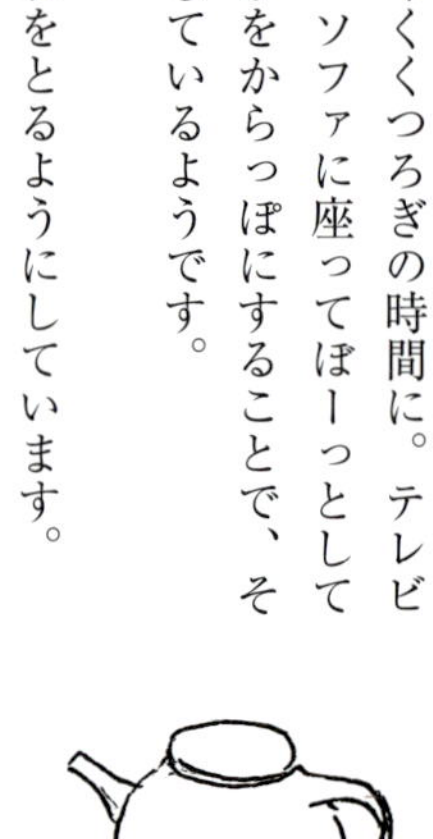
お茶を飲んで
ぼーっとする

長い坂を登って
通勤

津上みゆきさんの一日の過ごし方
絵の制作は短時間に集中し、お茶も食事もゆっくり楽しみます

7時ごろ　起床
冬でも窓を全開して、室内の換気をします。それからマグネシウムが多く入ったにがり入りの水を、コップ1杯飲むのが習慣です。お通じが良くなり、足がつりにくくなります。

7時30分　朝食とお弁当作り
朝は5分づき米を土鍋で1合炊きます。おかずは、あらかじめ作っておいたお惣菜やマリネなどを利用するので、料理をしても一品くらいです。時間をかけずに朝食とお弁当を作ることができ、調理しながら洗い物も済ませてしまうので後片付けもほとんどありません。

8時ごろ　朝食

9時　主人の出勤
毎朝、主人を見送る際に、帰宅時間を聞いておきます。

9時過ぎ　簡単な家事を済ませて仕事
掃除や洗濯物があれば済ませ、保存食作りの時季なら梅やかりんを漬けます。午前中は1時間くらい絵を描き、サンルームでドローイングをすることも。そのほかは今日することを考えたり本を読んだり、自分だけのために使える貴重な時間帯です。

お弁当作り

12時　昼食
制作中はお昼を用意する時間も惜しいので、朝作ったお弁当を食べ、1時間くらい休憩します。

13時　仕事再開
庭仕事や買い物を挟みながら、集中度に合わせて絵を描きます。

15時過ぎ　午後のお茶、作業終了
豆乳のミルクティーやハーブティーなどを淹れ、糖分補給。絵は自然光で描くのですが、室内への光の入り具合は季節で変化します。冬は14時か15時ごろまでしか作業できないし、3時間も4時間も集中するのは無理なので、こんなペースで仕事をしています。

18時　事務処理
わたしの仕事は〝ひとりの会社〟みたいなものですから、自分でしなければいけない事務処理も多く、夕方にかけては仕事関連のメールに返信したり、領収書の整理などにあてています。

19時　夕食作りの開始
20時か21時に帰る主人は、帰宅1時間前に電話をくれますから、それを機に夕食作りを開始。スープなどは少しとろみをつけると少量で満足感が得られます。野菜は蒸すことでボリュームが減り、たくさんとることができます。お酢などで食べるとおいしくて、疲労回復にもつながるんです。

19時50分　夕食の準備
主人は駅に着くとまた電話をくれるので、温かい料理は熱々で出せるようスタンバイをしておきます。

20時　夕食
夕食は時間をかけていただき、ふたりでよく食べ、よくしゃべります。

21時30分　後片付け
洗い物は10分もあれば終了、あとはお風呂です。

22時ごろ　入浴

23時　くつろぎの時間
好きな本を読んだりして、のんびりくつろぎます。

23時30分ごろ　ストレッチ運動
お気に入りの運動器具『ストレッチポール』を使い、背筋を伸ばすストレッチ運動を毎晩欠かしません。

24時前後　就寝
主人が調合してくれたアロマを焚いて、新聞を丹念に読みながら就寝します。夏も5本指ソックスを履いて寝るほど冷え症で、冬は加えてレッグウォーマーが必需品です。

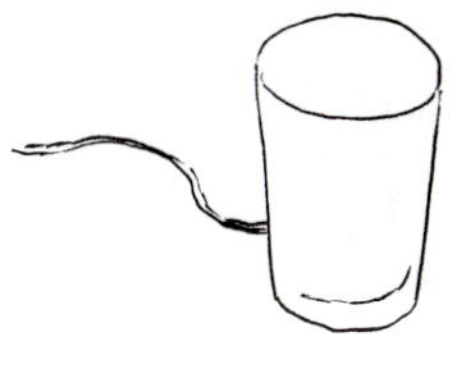

エッセンシャルオイルと

野菜、ハーブ類など
育てています

門倉多仁亜さんの一日の過ごし方
仕事と家事の合間に上手に休憩時間をとります

5時　起床
20代のころは外資系証券会社に勤め、始発の電車で通っていたので、早起きは身についています。水を1杯飲んでから、夫が会社に持って行くトーストと果物の朝食、さらに昼食のお弁当を用意します。

5時30分　夫を車で会社まで送る

6時　帰宅、朝食
亡き義父にお茶を供えてから自分のコーヒーを淹れて、机でトーストを食べながらメールチェック。そのまま、レシピをまとめるなどの仕事を済ませることも。

7時　家の片付け
ベッドやソファを整え、夫が脱ぎっぱなしにした服をしまい、はたきをかけるくらいの片付けをします。掃除機かけと洗濯は、月曜にまとめて済ませています。

7時30分　シャワー
朝のシャワーがわたしの入浴の基本です。

8時　買い物
電車で品川まで出かけ、料理教室のための花やパンをなじみの店で調達。車内では、『ヘラルド・トリビューン』など、大好きな新聞を読みます。

9時30分　帰宅、料理教室の準備
野菜を刻むなどの下ごしらえをし、テーブルクロスにアイロンをかけ、花を活けます。

10時30分　休憩
教室が始まるまでの30分間ほど、お茶を淹れて本を読んだり、わずかでも心休まる自分の時間を持ちます。

11時　料理教室
8名の生徒さんがそろったら、お茶を飲みながらレシピを説明し、それから台所で料理を始めます。料理は、おもてなしにもなる洋風家庭料理が基本。まず前菜を味わってからメインを仕上げて味わい、デザートへ。おしゃべりをしながら、ゆっくりいただきます。

14時30分　片付け、休憩
教室が終わり、台所や部屋を片付けたら、お茶を淹れ、ソファで新聞を広げて、ふーっとひと息。仕事のあとには必要なひとときです。

15時30分　買い物
車で麻布十番の『日進ワールドデリカテッセン』へ行き、翌日の教室のための食材を買います。ここは、肉やチーズなどが種類豊富。なお、魚介類が必要な場合、朝一番で築地の場外市場に行くこともあります。最後に、豆腐など自宅用の食材をスーパーで買い足します。

17時30分　帰宅、夕食の下ごしらえ
下ごしらえした素材をバットに並べたら、ソファでインテリアの洋書を眺めるなどしてリラックス。外の空気に触れたくて、散歩に出たりカフェに行くことも。

19時　夕食の支度
夫から「これから帰るよ」と電話が入り、それを合図に炊飯器のスイッチを入れ、料理を仕上げます。夫は電車で帰ってきます。

19時30分　夕食
食卓はきちんとテーブルクロスをかけて整えます。夫の希望でメニューは和食が中心ですが、週に2日ほどはわたしの好みで、サラダ、パン、パテ、チーズといった、ドイツ式コールドディナーにしています。

20時30分　自由時間
夫はお茶とお菓子、わたしはビールやワインなどを味わいながら、おしゃべりやインターネット、テレビを楽しみます。夜は仕事もメールチェックもしません。

22時　就寝
ベッドで、大好きなサマセット・モームの短編などを少し読んでから眠りにつきます。朝が早いためか寝付きは良く、朝までぐっすり眠れます。

ホルトハウス房子さんの一日の過ごし方
料理教室、夕食作りが一日の要です

6時　起床、朝食の準備など

お化粧は10分程度で手早く。新聞を取りに行ったついでに、庭で花を摘んだり草を抜いたり、あたふたしているうちに朝の時間は飛んで行ってしまいます。

7時　トレーナーと運動

女性トレーナーに来てもらい、1時間ほどウォーキングやストレッチなどをします。20年来の習慣です。

8時　掃除、朝食

9時までに家をさっと片付け、もろもろを整えておきます。ちなみに、汚れものはその日のうちに始末したいので、洗濯は夜に済ませます。朝食は、松本の『清水牧場』から長年取り寄せているフレッシュチーズとヨーグルト、季節の野菜、コーヒーが定番。ヨーグルトには、鎌倉の知り合いが作っているはちみつをかけてます。朝は忙しいですし、身体が重くなるような気もするので、炭水化物はとりません。

9時　店の打ち合わせ、料理教室の準備

自宅隣で開くティールームのスタッフと立ち話程度に手短に打ち合わせをします。料理教室のある日は、手伝いの人と打ち合わせ、食材を洗ったり下ゆでするなど、下準備をします。

10時　料理教室開始

生徒さんが来訪。自宅のキッチンとリビングを使って料理教室が始まります。生徒さんは6名ほど。その日初めて来る若い人にも、20年通うベテランにも、同じように接します。大さじ何杯といった分量にこだわるより、動作を見て覚えてほしいと思っています。調理中にころ合いを見て、料理の説明をします。

下準備中

12時　試食

完成した料理をベスト・タイミングで味わってもらいます。親子三代で通う生徒さんもいるので、なごやかなサロンのようでわたしも楽しいです。デザートのあと、ゆっくりとおしゃべりをします。

14時　洗い物、片付け

片付けをして生徒さんが帰ります。夕食前に少しおなかがすいたときは、お煎餅をつまみます。わたしは洋菓子屋ですが、実は和菓子好き。なかでもお煎餅が大好物なのです。

15時　夕食の準備

夕食に何を食べるかは、わたしの大事な課題。軽い朝食を除き、一日一回の食事ですから、おおむね時間をかけてごちそうを作ります。あらかじめ献立を決め、材料を取り出しながら、ふと気が変わってまったく別の料理になることもあります。手伝いの人は気まぐれ主人に慣れていて、一切口を挟みません。今日は疲れた、時間をかけたくないなというときの定番はトンカツです。さっと揚げて付け合わせの野菜を刻むだけですから、実に簡単です。観劇や映画鑑賞の予定、人との約束があるときは、出かけることもあります。

16時　夕食

夫と手伝いの人と、ときには〝飛び入り〟が入ることもあって、賑やかにゆっくりと楽しみます。

17時　片付け

食器を洗って拭いてきちんと棚に戻し、キッチンを磨きます。やかんや鍋を磨くことも。こんなふうに片付けもしっかりやると、どうしても1時間はかかってしまいます。

18時　休息時間、入浴

書斎で、本や朝読めなかった新聞を読みます。テレビは疲れるので、たまにニュースを見る程度。一日のなかで一番ほっとなごめる、貴重な自分時間です。

22時〜23時　就寝

本や新聞を読むうちに、気持ち良く寝付けます。

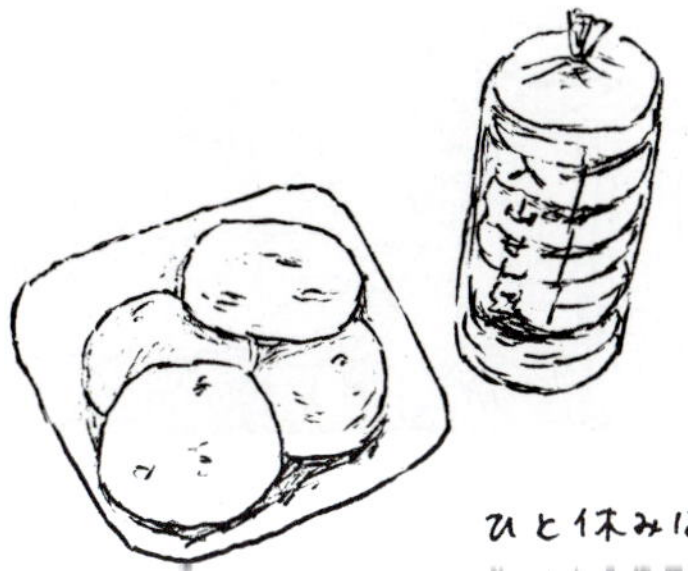

ひと休みは
お煎餅で

読書

平松洋子さんの一日の過ごし方
今日の成果を決めるのは
朝4時間の充実度

4時30分　起床、仕事

起床後、自宅から歩いて10分ほどの仕事場へ。執筆に集中します。電話も鳴らず、仕事に没頭できる大切なひととき。昼や夜に書くよりずっとはかどるので、大事なものほどこの時間帯に書くようにしています。ここでどれだけがんばれたかによって、日中の仕事の時間配分が決まります。

6時30分　ウォーキング

スポーツウエアに着替え、5本指ソックスとウォーキングシューズを履いて近所を1時間歩きます。5本指ソックスは汗を吸ってくれるので快適です。季節ごとに路傍の花や風景が変わり、いくら歩いても飽きません。健康維持や体調管理に役立っています。

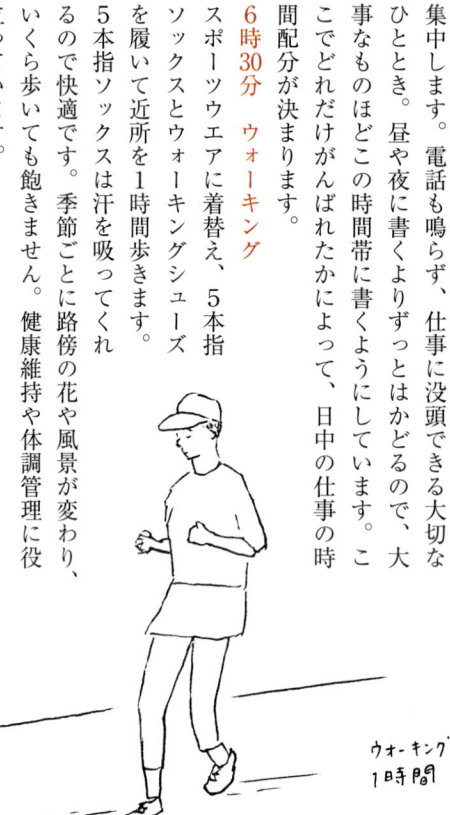

7時30分　朝食、お茶

自宅に戻って朝食を作ります。最近は、朝しっかり食べると身体が重くなるように感じられるので、自分には軽食とお茶を、夫には和食を用意します。このとき、自分用のお昼のお弁当を作っておくことも。春から夏の終わりまで毎朝飲むのは、季節の野菜とフルーツで作るドリンク。にんじんとりんご、はちみつ大さじ1杯は必ず入れ、そのほか、キウイ、パイナップル、グレープフルーツ、ほうれん草など、その日あるものをミックスします。素材はなるべく有機栽培のものをとは思っていますが、手に入らないときはこだわり過ぎず、新鮮なものならば良いということにしています。ジューサーではなくミキサーで作るので、繊維も一緒に、ゆっくり、噛むようにして飲み干します。

ウォーキング
1時間

8時30分　家事、読書、雑用

家事や読書、郵便局や銀行へ行くなどの雑用を済ませます。早朝からひと仕事を終えているので、ほっとひと息、リラックスします。

10時30分　仕事、昼食

再び仕事場へ。執筆の続きをします。仕事の切りのいいところで、昼食にします。朝、作っておいたお弁当を食べることもありますし、小さなキッチンがついているので、簡単なパスタを作ることも。あるいは、自宅に戻って作ったり、気分転換に外に食べに行ったり。昼食は、その日の気分で決めます。

14時　昼寝

この時間帯にふーっと少し眠くなったら、無理してがんばらず、ソファに横になることにしています。20分ほど昼寝をすると、気分もすっきり。その後の仕事がはかどります。

15時　散歩、買い物、喫茶店など

気分転換に、買い物ついでにウォーキングをします。地元の個人商店でその日の食材を買い求め、書店やなじみの花屋さんに立ち寄ったり、喫茶店で資料の本を読んだりします。花屋さんは、私の好みを覚えていてくれるので、「こんな花が入りましたよ」と声をかけてくれることも。地元の西荻窪という町は、個人商店が充実していて、良い意味で「ふつう」。いろんな世代の人がいて、偏りがないように思います。お店だけでなく、学校、病院など、生活に必要なものがまんべんなくあり、ゆるやかな気持ち良さがあります。緑も多く、ちょっとした散歩もやすらぎます。

16時　仕事

仕事再開。夕食どきまで集中します。

19時30分　夕食、くつろぎ

夕食を作り、夫とゆっくりいただきます。最近、夫が食後においしいお茶を淹れてくれるようになりました。

22時～23時　就寝

だいたいこの時間帯に、本を読みながら寝ます。

窓辺で読書

近所の花屋

食卓のヒント
いつものうちの味、おすすめのひと皿

津上みゆきさん

自家製梅酒の寒天ゼリー

季節の果実や野菜などをお酒やハチミツで漬けておくと、「料理からお菓子、体質改善の飲み物まで、幅広く使えます」と津上さん。写真左の玄米焼酎で作った自家製梅酒の寒天ゼリーは、きりっと大人の味です。

〔小さなグラス5、6コ分〕
・棒寒天…1/2本　・水…250㎖
・梅酒…適量　・梅酒の梅の実…5、6コ
・しょうがのハチミツ漬け（※）…適量

1　寒天は水で洗って、適当にちぎります。
2　鍋に水と1を入れて中火にかけ、ときどきかき混ぜながら寒天を溶かします。
3　鍋の火を止めて好みの量の梅酒を加え、再び温めます。最後に甘みと風味づけで、しょうがのハチミツ漬けを適量入れます。
4　グラスに梅の実を入れて3を注ぎ、粗熱が取れたら冷蔵庫で冷やし固めます。

※しょうがのハチミツ漬けは、うす切りのしょうがとレモン、丁子少々を、約1週間ハチミツに漬けます。

〈かりん酒のお湯割り（右）のレシピメモ〉
玄米焼酎と黒砂糖で漬けたかりん酒を、好みの加減でお湯割りにします。かりん酒はそのまま飲むと、のどの痛みに効果的です。

4

4

3

写真　高瀬ちひろ　[illegible]中のりこ　田[illegible]　取材・文　青木由里　田中のり子　大平一枝　渡辺尚子

石川博子さん

根菜の煮物

仕事が立て込んできて「最近、野菜が不足しているな」と感じたときに作る、石川家の定番メニューです。亡くなったお母さまもよく作られていたそう。正確なレシピを教わったわけではありませんが、自然と石川さんも作るようになったそうです。鶏肉のうま味を、根菜にしっかり吸わせるのがおいしく作るコツです。

〔3人分〕
- 鶏もも肉…1/2枚
- れんこん…100g
- 里いも…小6コ　•にんじん…1/2本
- まいたけ…1/3パック　•ごま油…適量
- ダシ…200㎖　•日本酒…大サジ2杯
- みりん…大サジ1杯
- しょう油…大サジ1杯

1　鶏もも肉はひと口大に切ります。れんこんは皮をむいて乱切りにし、酢水にさらしておきます。里いもは皮をむいて半分に切り、一度下ゆでをしておきます。にんじんは皮をむいて乱切りに、まいたけは小分けにしておきます。

2　鍋にごま油を入れて中火にかけ、鶏肉、れんこん、にんじんの順番でよく炒めます。

3　根菜にある程度火が通ったら、里いも、まいたけ、ダシ、調味料を入れてフタをして煮ます。沸騰したら落としブタをして、中弱火で約15分煮込みます。

4　煮汁が少なくなって、根菜に味がしみたら出来上がり。

1

2

3

平松洋子さん

香味野菜のせうどん
ゆで豚の野菜包み

青じそやみょうがなどの香味野菜は、たっぷりの量をまとめて切っておき、容器に保存。こちらのレシピのうどんのほか、みそ汁に入れたり、和え物にするなどして、昼食と夕食で使い切ります。香味野菜は少しずつ余りがちで鮮度が落ちてしまいますが、この方法なら、フレッシュでおいしいうちにたくさん味わえます。無駄を出さない、平松さんらしい旬の楽しみ方といえるでしょう。また、ゆで豚の野菜包みはシンプルでありながら、コチュジャンをベースにしたつけダレが食欲をそそる一品です。

◎香味野菜のせうどん
〔1人分〕
- 手延べうどん…1束　・オクラ…2本
- きゅうり…1/2本　・青じそ…3枚
- みょうが…1コ　・三つ葉…1束
- えごまの葉…3枚　・新しょうが…1片
- 塩…適量　・ごま油…少々
- 梅干し…1コ　・ごま…適宜

1　野菜は小口切りやせん切りなど細かく切り、全体に塩を振ります。
2　うどんはゆでて冷水にさらし、水きりをします。器に盛って1をのせ、ごま油をかけ、梅干しを添えます。好みでごまと塩を振り、箸で混ぜながらいただきます。
※うどんの代わりに、そうめんやひやむぎを使ってもよいでしょう。

◎ゆで豚の野菜包み
〔3～4人分〕
- 豚バラ肉ブロック…600g
- サラダ菜、チコリ…各数枚
- つけダレ（作り置き）…適量

1　豚肉は塊のまま、たっぷりの湯で約40分ゆでます。肉を湯の中に浸したまま冷ますことで、ジューシーに仕上がります。
2　肉を食べやすい厚さにスライスします。サラダ菜、チコリ、つけダレを添えて食卓へ。肉にタレをのせ、葉に包んでいただきます。
※肩ロース肉でもおいしくできます。

〈つけダレのレシピメモ〉
作り置きしておくと便利なつけダレ。野菜や魚とも相性がよく、平松家ではストックを切らしません。コチュジャンカップ1/3杯、しょう油大サジ2/3杯、おろしにんにく、すりごま、ごま油各大サジ1杯、砂糖小サジ1杯を混ぜ合わせて出来上がりです。

1

門倉多仁亜さん

シナモンのパウンドケーキ

定番のパウンドケーキも、クグロフ型を使えば華やかな雰囲気になります。ゆるめのホイップクリームを添えるのがドイツ流。しっとりとした口どけを楽しみます。

〔直径18㎝のクグロフ型1台分〕

- 薄力粉…140g　•玉子…3コ
- レーズン…100g　•砂糖…125g
- 無塩バター…125g
- アーモンドプードル…60g
- ベーキングパウダー…小サジ2杯
- バニラエッセンス、塩…各少々
- シナモンパウダー…小サジ2/3杯
- 牛乳…適宜

1　型に無塩バター(分量外)を塗り、薄力粉(分量外)を振って、余分な粉を落とします。オーブンを180℃に予熱します。

2　レーズンは洗ってふっくらするまでぬるま湯に浸し、水切りします。

3　ボールで薄力粉とベーキングパウダーを混ぜ合わせて、2回ふるいにかけます。

4　別のボールに、無塩バター(室温)、砂糖、バニラエッセンス、塩を入れ、泡立て器で白っぽくなるまで混ぜます。

5　4に、玉子(室温)を1コずつ加え、その都度1分ほどしっかり混ぜ合わせます。

6　ゴムベラに持ち替え、5にアーモンドプードルとシナモンパウダーを混ぜます。続けて、3を2~3回に分けて混ぜます。生地がかたければ、牛乳を大サジ1~2杯加えて混ぜます。最後にレーズンを混ぜて型に流し、表面を軽く平らにします。

7　オーブンで40~50分焼きます。竹串を刺し、生地がつかなければ出来上がり。泡立てたホイップクリームを添えます。

※ホイップクリームは泡立てやすい分量で。材料は、生クリーム200㎖、砂糖大サジ1杯、好みでバニラエキストラクト少々。

5

6

6

伊藤まさこさん

フルーツジャムとソース

旬の果物ひとつで、食卓の楽しみが広がります。砂糖と一緒に鍋に入れ、さっと火を入れればフルーツソースに、もう少し長く煮ればジャムに。火を入れる前にできるシロップは、炭酸水で割ると爽やかな飲み物になります。プラムのほか、杏や苺、チェリー、ルバーブ、かりんやりんごなどにもアレンジできます。旬の果物は格別ですから、季節を逃さず作ることがポイントです。

〔作りやすい分量〕

・プラム…2kg

・グラニュー糖…800g

1　洗ったプラムに庖丁を入れ、半分に割ります。種は取らなくても構いません。

2　鍋に入れ、砂糖をまぶします。半日ほど置くと、水分が出てきてトロミがついてきます。これをシロップとして、炭酸水で割っていただくのも、おすすめです。

3　鍋を強火にかけ、木ベラで混ぜます。沸騰してきたら強めの中火に。長い時間煮ていると砂糖の味がしつこくなるので、短時間で一気に火を入れることが肝心です。

4　5分ほど煮たところで一部を引き上げれば、フレッシュなソースに。ヨーグルトやアイスクリームにかけていただきます。

5　10～15分ほど煮ると、ジャムが出来上がります。種を除いて、冷めないうちに煮沸消毒したビンに入れます。トーストなどにのせていただきます。

1

2

3

細川亜衣さん

小さな子どものためのからいもだご

輪切りにした生のさつまいもを生地で包んでふかす「いきなりだご」は、熊本の郷土料理です。亜衣さんが、丸いものが大好きな娘の椿ちゃんのために考えた「からいも（さつまいも）だご」は、小さくて食べやすく、くせのない甘さが特長。ホクホクしたいも類が苦手な椿ちゃんが、丸さに惹かれて食べてくれたそうです。コツは、乾いた手で熱いうちにあんを丸めること。形は多少いびつでも構いません。冷めるとまとまりにくくなるので、手早く作業します。

〔約16コ分〕

- 強力粉…80g　・白玉粉…80g
- 水…120mℓ
- さつまいも…100g
- 塩…1つまみ　・きび砂糖…適宜
- 黒蜜、メープルシロップ、きなこ、すりごまなど…好みで適量

1　生地を作ります。強力粉と白玉粉をボールに入れ、水を少しずつ加えてよく練ります。生地がなめらかになったら、ボールにラップをかぶせて30分ほど休ませます。

2　あんを作ります。さつまいもは約5㎜の厚さに切って水にさらしてから、強火にかけた蒸し器に並べ、柔らかくなるまで蒸します。

3　2が熱いうちに皮を厚めにむいて、すりこ木でつぶし、塩を加え、甘味が足りなければきび砂糖を加え混ぜます。あんは、直径2㎝ほどの大きさに丸めておきます。

4　1の生地を少しずつとって直径約4㎝大の円形にのばし、あんをのせて丸く包みます。これで、だごの出来上がりです。

5　鍋に湯を沸かしてだごを入れ、3〜4分ゆでます。浮き上がってきたら、さらに数分ゆでて水気をきり、器に盛ります。温かいうちに黒蜜などをかけていただきます。

2

3

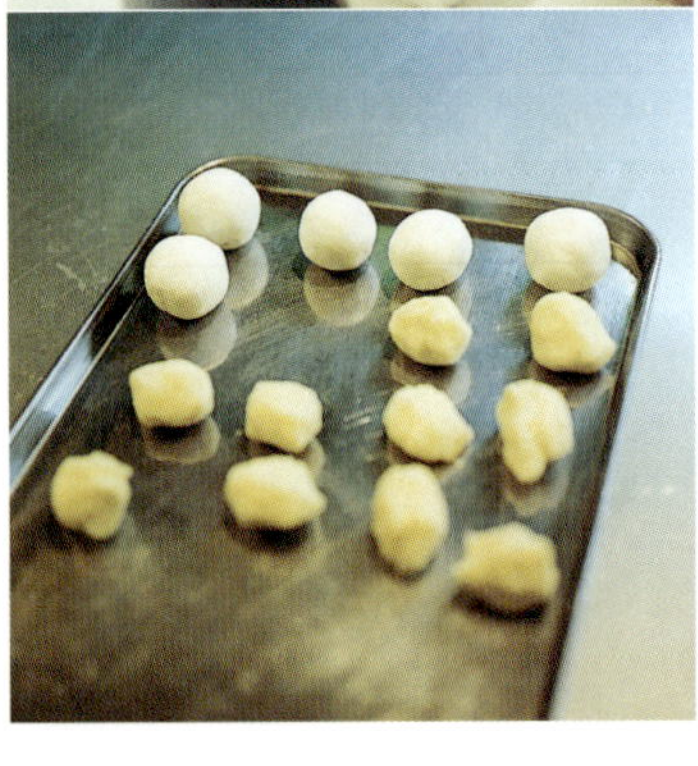

4

ホルトハウス房子さん

ラム肉のソテー

「臭みが気になるからか、日本の家庭ではあまりラム肉を食べないようですが、これほどうま味の濃い肉はないのでは?」と、房子さん。冷凍ではない新鮮なラム肉を使い、脂身をきちんと取り除けば、臭みは出ません。さっと焼くだけでごちそうになるので、ホルトハウス家の定番メニューです。

〔4人分〕

•骨付きラム肉（塊）…800g
•フレッシュローズマリー…2〜3本
•にんにく…1片　•塩…小サジ1杯
•オリーブ油、黒コショー…各適量

1　ラム肉は、脂身を庖丁でそぐように取り除き、骨に沿って1本ずつ切り分けます。

2　ローズマリーの葉はみじん切りに、にんにくはつぶします。ローズマリー、にんにく、オリーブ油、塩を混ぜ合わせ、肉の表面に指でまんべんなく塗り、少しおいて軽く拭います。黒コショーを振ります。

3　中火のフライパンで返しながら3分ほど焼きます。焼き色がつき、中がピンクのレアの状態で、焼きたてをすぐ味わいます。

〈いんげんのクリーム煮のレシピメモ〉
ソテーに合う付け合わせです。さやいんげん300gの両端を切り落とし、3cmに切ってゆで、ザルに取ってさっと水を通します。白いんげん豆300gはかためにゆでて水気をきります。鍋にオリーブ油適量をひき、みじん切りにしたエシャロット3本、白いんげん豆を軽く炒め、スープストック（107頁参照）をかぶるまで加え、フタをして中火で煮ます。スープが減ってきたら少量ずつつぎ足します。豆が柔らかくなり、水気がヒタヒタになったら、さやいんげんを入れて軽く煮立て、生クリーム200mlを加えます。弱火で煮詰めて塩で味をととのえ、火を止めてパセリを加えます。

1

2

3

第2章　50代、60代　わたしの暮らしのヒント

誰かや何かではなく、暮らしの心地良さを作るのは自分。そんな気持ちの強さで、どんなことも楽しめるようになれるのです。

平松洋子　53歳

ときには、昔よく作った料理を作ります。作り方や味、そのころの家族の風景が、もう一度生活のなかに入ってくるように感じます。

森下洋子　63歳

何でも、すぐにできると思わないし、自分にはできないとも思いません。時間はかかっても必ずできると思って、諦めずに続けます。

石川博子　53歳

家事は自分ひとりで全てを背負い込まないようにしています。できないときはできない自分を許し、家族に協力を仰ぎます。

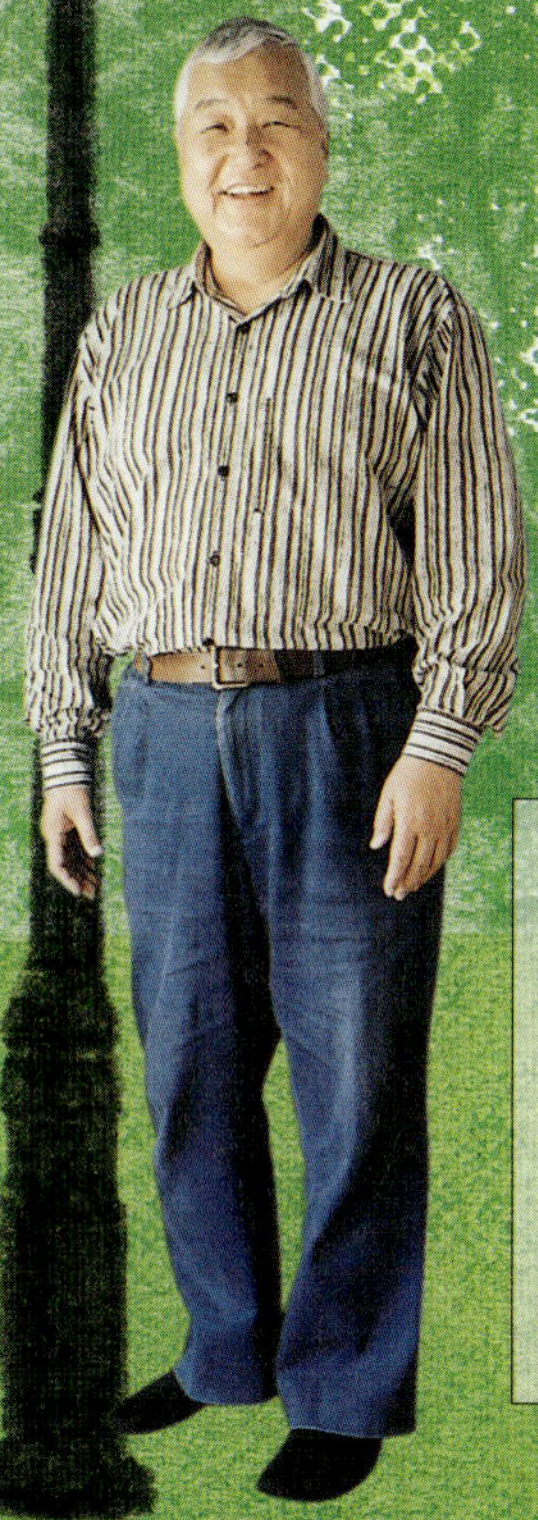

久野恵一　64歳

職人の仕事は、その道具を作る職人なしでは成り立たないように、どんな仕事にも、支えてくれる存在があることを胸に刻んでいます。

マーガレット・ハウエル　65歳

自分が心地良い服、コーディネートしやすい色の服を選ぶことです。買う服の数を減らし、より質の良いものを買うことができます。

写真　一之瀬ちひろ（72～75頁、80～92頁）　松本のりこ（71頁久野恵一さん）
取材・文　青木由里（72～75頁）　大平一枝（80～87頁）　田中のり子（88～93頁）
イラスト　阿部伸二（70～71頁）

63歳　森下洋子さん（バレリーナ）

毎日新鮮に「挑む人生」は、感謝に満ちています

バレエに完成はありません。料理も同じです

「わたしにとって、バレエはエンドレス。あと何年踊る、と区切りをつけて考えたことはないんです」

３歳からバレエを始めた森下洋子さんは、現在も全幕を踊る世界でも希有のプリマバレリーナ。気がついたら舞踊歴60年になっていたといいます。

「尊敬する英国ロイヤル・バレエ団のプリマバレリーナ、デイム・マーゴット・フォンテインは61歳で引退しましたが、全幕出演は50代でやめていましたね。わたしは、ひたすら毎日コツコツとやっていくことが何よりも大切と思いながら踊り続けてきました。10代のころから現在まで、一日のスケジュールはほとんど変わっていないんですよ。毎日5時間から6時間のレッスンを続け、週に一度の休日もストレッチ運動を欠かしたことがありません」

基礎レッスンを怠れば肉体も精神も崩れてしまうという森下さんの日常は、文字どおりバレエ一色です。たいてい9時半から10時半に基礎レッスンを開始し、合間を縫って、団長を務める松山バレエ団の生徒たちのお稽古に目を通します。昼は食事をとると体を動かしづらくなるため、チョコレートやチーズを軽くつまんで済ませながらリハーサルを続けます。夕方は、もう何十年も続けているマッサージで筋肉をほぐし、万全のコンディションで明日に備えるという日課です。

「バレエに完成はありません。同じ演目でも、昨日はああ踊ったから今日はこう工夫してみよう、その繰り返し。だから回数を重ねるほどにおもしろいし、レッスンが非常に重要なんですね。たとえば２０１０年に新演出を施した、新『白毛女《はくもうじょ》』を練習した最初のころは、パッと動きが出てこない。それが半年経ったいまでは音が体に入った実感があるのは、お稽古の賜物。本当にバレエは、日々レッスンを重ねるしかないんです」

真摯に語る森下さんはさらに、「バレエに限らず、生活のなかで

写真・松山バレエ団のプリマバレリーナとして国内外の公演に主演し、2011年10月には新『白毛女』で、夫であり長年パートナーを組む清水哲太郎氏と13回目の訪中を果たした。

も繰り返しが大切であり、それがまた楽しいことでもあるのではと示唆します。

「3月に東日本大震災が起きたとき、生きていること、会話をしていること、料理をいただけること、なんでもない生活がなんとすばらしいかを再考させられました。主婦の方々は家事や毎日の献立を考えるのが大変でしょうが、わたしはあたりまえに繰り返せることが幸せなのだと思いますね。料理にしてもバレエと同じように、〝これで完成〟はありません。何回同じものを作っても新しい工夫やアイデアが生まれるはずだし、その過程自体が楽しさでもあるのではないでしょうか」

いまは忙しくて余裕のない森下さんですが、「カレーはルーから作りますし、肉じゃがや酢の物、和え物といったお惣菜が得意なんですよ。以前はお正月のおせち料理も用意していました」と、料理を作るときは本格的なのだと言います。こうしたことは、わたしたちには意外な一面に見えますが、実は若いころから「芸術家である前に、ひとりの生活者」たる自覚を持つことを学んだと、自著の『バレリーナの情熱』でも述べています。食べることが好きだとも言う森下さんは、「食べ物の好き嫌いをしない、人の好き嫌いもしない」と心に決めているのだそう。

「現実にはウマが合わない人もいますけれど、人には必ず良いところがあります。悪い点を挙げてもしかたない、長短含めてその人を好きになろうと努めてきました。もちろんわたしも初めからできたわけではなく、少しずつ勉強してきたんです。世界へ出ていってマーゴやルドルフ・ヌレエフといった世紀のバレエダンサーと共演し、一緒に過ごした経験も影響しています。なんて心の大きな優しい人たちだろうと感動し、だから舞台でも輝きがあふれ出てくるのだと悟らされました。ふたりを目の当たりにして、彼らのすばらしさを学びたい、と思ったんです」

バレエは主役だけで成り立つのではなく、多くの踊り手や、照明、音楽、演出などから表現される総合芸術ですが、偉大な芸術家ほどその意味を理解しているもの。マーゴとヌレエフは、その点でもプロ中のプロだったと言われます。

「人間はひとりでは何もできません。みんなに助けてもらっているのです。だからこそ感謝が大切、愛が大切なのです。人を愛することは、むずかしいけれど、わたしはできるだけシンプルに考えています。子ども時代からこの年齢まで、周囲が支えてくれるから踊ってこられました。人を信じて、支えられ支えていかなければ。人

写真・思い出の写真。奥は、清水氏と共に出場した74年度ヴァルナ国際バレエコンクール。
手前左から、恩師の松山樹子《みきこ》先生からレッスンを受ける、ヴァルナコンクール直前のふたり。
中央は、小学校1年生当時、故郷広島で撮影。右は、ヌレエフと『ジゼル』を踊る森下さん。

を信じない人生は、とても幸福とは言えないでしょう。広島生まれですが、わたしを信じて小学校2年生のときから東京のバレエ教室に通わせてくれた両親にも心から感謝しています。幼い子どもひとりを列車に乗せて送り出してくれたのです。わが親ながら勇気のある親だと思いますが、いまは子離れしない親が多いように見えますね。信頼されると、しっかりしなきゃと子どもにも責任感が生まれるものなんです」

そう語る森下さんご自身も、あたりまえの生活ができること、その上、あたりまえのように踊らせてもらえることにも、いつでも感謝しているのだと言います。

スパンを長く持てば、諦めも挫折もありません

周囲との信頼関係を築くには、直に言葉を交わし合うことも不可欠だと考える森下さんは、多忙ななかでもできる限りバレエ団の生徒に声をかけ、ひとりひとりの名前も覚えるように心がけていると言います。

「最近では、ありがとう、という言葉も簡単にメールで済んでしまいますが、それでは心も個性も伝わりません。わたしはふだんからメールはしませんし、気持ちを伝えるため自筆で手紙を書くようにしています」と言う森下さんは、よそのお宅の留守番電話にメッセージを残すことも少なく、自宅には留守電をセットしていません。直接の会話を大切にしているのです。

私生活について少しうかがうと、思いのほか質素なようです。

「外出するのが好きではなく、日用品からブランド品まで買い物にもまったくと言っていいほど興味がないんです。洋服もほとんど買わず、気に入った何着かを手入れしながら大事に着ていますね。20年ほど前に購入した森英恵先生のピンクのショールも、いまも大切に愛用しています」

森下さんがものを大切にする姿勢はバレエ団内でも有名で、人一倍練習熱心な森下さんは1年に300足以上のトゥシューズを消耗するといいますが、履けなくなった1足ごとにもお礼の言葉を忘れません。

「とにかくバレエが全てですから、私生活と分けては考えられないですね。ですから、日常的にのどを痛めたり風邪をひいて熱を出したりしないように、また雨の日や夜道を歩くとき、階段の昇り降りでけがなどしないように、慎重にすることを心がけていますね。

写真・長く愛用している『ハナエモリ』のシルクシフォンのショール。金糸やビーズをあしらった手刺繍が、華美に走らず上品で、とても気に入っている。海外に行くときも必ず持参。

芸術は人を幸せにするために存在します。その元である身体を壊すのは、プロとしてあるまじきことなんです」

どこかに痛みを感じれば、その日のうちに治療するのも鉄則だと付け加えます。「でもね、わたしは足腰に悪いところがあっても、いざ舞台本番前になると自然に治ってしまう。マッサージの先生も不思議な身体だって（笑）。『ダメだと思ったときがおしまい』で、時間がかかっても必ず治ると信じる気持ちに身体が応えているのだと、わたしは思うんです」と、森下さんはにこにこ。その楽天的な思考は、いかにして培われてきたのでしょうか。

「こう言うとみなさん驚かれますが、小さいときから人よりとても不器用でした。そのため、努力すればいつの日かきっとできるようになる、と信じてがんばってこられたんですね。だから、すぐにできると思ったことがない代わりに、できないと思ったこともないんです。10年、20年とスパンを長く持ってやってきました。バレエに限らず何ごとも1年、2年で簡単にできると思うから、みんなすぐに挫折したりするんですね。最初から時間がかかると思っていれば、諦めることもないでしょ？」

けっして天才少女バレリーナではなかった森下さんは、それこそ他人の何倍も努力し続けてきましたが、いつもポジティブだったと言います。そして「バレエは自分の全てをさらけ出して演じるもの、できるようになるまで積み重ねしかない」という信念を持っています。同時に、やると決めたら絶対的な覚悟で臨み続け、「テクニックは必要ですが、バレリーナのなかからにじみ出てくるものは生きざまなのです」と断言します。

「命を賭けて挑む人生は、楽しい。さらに言えば、うれしく、幸せそのものなんです。こうした高揚感に大きい小さいはなく、誰もが日常生活のなかでも見つけられるものだと思います。毎日おいしいごはんが食べられることも幸せ、会話がないと思っていた家族間でひと言でも話があれば楽しい。わたしも、萎れたシクラメンにお水をあげて元気になると、うれしいと単純に喜んでいます。どんな些細なことも良きことと受け止めれば暮らしが変わり、常に前へと進む生き方は、自分を内面から輝かせるに違いありません」

もりした・ようこ　１９４８年、広島市生まれ。体力作りのため3歳からバレエを始め、71年松山バレエ団に入団。74年度ヴァルナ国際バレエコンクールで日本人バレリーナとして初の金賞を筆頭に、国内外で受賞多数。２０１１年12月には清水哲太郎（松山バレエ団総代表／舞踊家）と、『くるみ割り人形』を全幕公演予定。

写真・森下さんがバレエとエレガンスを学んだというマーゴット・フォンテイン。78年『スター・オブ・ワールド・バレエ』の共演記念に贈られたトゥシューズは宝物で、つま先にマーゴのサインが入っている。

65歳 マーガレット・ハウエルさん（デザイナー）
心地良い暮らしのためのもの選び

大切なのは デザインと使いやすさ

わたしは、良いデザインに心惹かれます。わたしにとって「良いデザイン」とは、美しさと機能性、その両方をしっかりと考えられたもの、そして適切な素材を使って作られたもののことです。良いデザインのものは、素材や製造過程の質に妥協なく作られているため、しばしば高価なものです。そういったものは、丈夫で長持ちするようにできています。そのためわたしは、何かを買うときにはじっくりと検討しますし、自分が選んだ大好きなデザインは、ほとんど飽きるということはありません。そして実際に、家具と共に生活し、台所道具を使っているうちに、愛着が増していくのです。たとえば、わたしは小さな野菜用ナイフを30年以上使ってきましたが、それは使い込み過ぎて、刃がいまにも壊れそうなのです。切れ味の鋭い、新しい日本製のナイフが、箱の中に入ったまま出番を待っているのに、わたしは諦めきれないでいるのです。

ずっと愛用している ものについて

イタリアの家具メーカー、ザノッタの「レオナルド・テーブル」。これは、40年以上も使い続けています。積層板の大きな天板と高さが調節可能な架台で、とても頑丈で使い勝手が良い仕事場のテーブルです。初期のシャツのデッサンは全て、このテーブルの前に立ちながら描きましたし、いまでもデザインスタジオで使っています。10年以上愛用しているものには、マルセル・ブロイヤーの「カンティレバーチェア」やチャールズ&レイ・イ

写真・40年以上使い続けているレオナルド・テーブルは、いまも現役のお気に入りの家具。

ームズのオフィスチェアなどがあります。

敬愛するデザイナーの復刻版の椅子も、いくつか持っています。最も好きなデザイナーのひとり、アルヴァ・アアルトのものも、キッチンテーブルや小さなサイドテーブル、椅子など、たくさん持っています。全て、アルテック社による復刻ものですが、最近見つけた小さなスツールは、オリジナル品です。座面がひどく傷んでいましたが、復刻版の平坦な完璧さにはない、使い込まれた温かみのある風合いと品位に、ひと目惚れしてしまったのです。

そして、最近購入したものは、ハンス・J・ウェグナーデザインのソファベッドと、1960年にディーター・ラムスがデザインした、ヴィッツゥ社の棚「シェルビングシステム」。ミニマルかつ汎用性の高いこの収納棚は、どんなインテリアのスタイルにも合うので、わたしたちのショップでも使っています。

また、チャリティショップや道端で売りに出されているもののなかから、掘り出し物を見つけることもあります。ヴィンテージのものを探し出すのは、とても楽しいし、きれいにして元の状態に復元できると、非常に気持ちの良いものです。たとえば、小さなサイドボード、卓上ランプ、ロビン・デイがデザインした三脚のスタッキングチェア、それにG.P.O clock、ヴィンテージのアーコール社の椅子などです。

しかしときに、わたしたちは現実的になり、妥協しなければならないこともあります。わたしはテレビにはあまり興味がないのですが、最近、買う必要に迫られました。テレビの場合、もちろん音や映像の質が大切ですが、ピカピカし過ぎているか、あまりにブランド名を打ち出したものばかりで、デザインがわたしの好みに合いませんでした。洗濯機も同様です。使いやすさとデザイン性を兼ね備えた品質のものを見つけるのは、不可能に近いといえるかもしれません。こういった電化製品の場合、無駄に複雑なプログラムを持った製品が品質の良いものとして扱われ、値段も高くなってしまっているように感じます。もうひとつのわかりやすい例が車です。わたしたちに提供される車のデザインは、消費者の要望によるものというより、広告会社のマーケティングによって決まるのでしょう。

写真・偶然見つけたサイドボードも、大好きなミッドセンチュリーのデザイン。

ものを選ぶわたしの基準はずっと変わっていないと思います。でも年齢によって、好みは変化するものです。たとえば、20～30代のころは、ナショナル・トラストの建築や家をよく訪れていました（ナショナル・トラストは、歴史的建築物や所有地を手に入れて保護することを目的として設立された、最も大切にされているイギリスの団体です）。当時、特にふたつの建築物に強い影響を受けました。ひとつは、ウィリアム・モリスのデザインした壁紙がぜいたくに施され、アーツ&クラフツの家具が置かれた、イギリスのサセックス州にあるフィリップ・ウェッブ設計の「スタンデン」です。もうひとつは、エドウィン・ラッチェンス設計の「キャッスル・ドロゴ」で、イギリスのデヴォン州にあります。木材と石を惜しみなく使用した、柔らかい色づかいが魅力です。このようなイギリスの伝統的なインテリアのように、温かみのある、居心地の良いインテリアを自分の子どもたちのために作ってあげたいと思いました。でも、のちに彼らが家を出たとき、今度は空間と光、透明感が必要だと感じたのです。そして自分が育った時代でもある20世紀半ば、いわゆるミッドセンチュリーのデザインや建築に興味を持つようになったのです。当時は、それらをあたりまえだと感じていましたが、新しい気づきによって、きちんと評価することができるようになりました。

「少ないことは、豊かなこと」です。シンプルであることが精神を解き放つとわたしは信じています。

ミッドセンチュリー製品の魅力への気づき

わたしがイギリスのミッドセンチュリーのプロダクトに魅力を感じるのは、新しいミニマリズム、すなわち、装飾的要素を最小限までそぎ落としたシンプルなフォルムであるとともに、ものづくりにおいてクラフツマンシップの要素を守り続けていて、素材に対しても誠実であるからです。装飾がないということは、わたしたちにその製品の素材と形そのものの良さを気づかせてくれます。

わたしは、誠実で気取らないデザインに魅力を感じます。自分がふだんの生活で使うものを選ぶときも、自分たちのお店の商品として選ぶときも、この基準は変わりません。たとえば、イギリスのプールポタリー社の陶器やロバート・ウェルシュによる丸みのある形

写真・アルヴァ・アアルトの丸テーブルとヴィンテージのアーコールの椅子を置いたベッドルーム。
とても落ち着いた雰囲気の室内に、木の質感と美しいファブリックが似合う。

のステンレス製品と、日本の伝統的な技法で作られる開化堂の茶筒や南部鉄器のセレクトとが、ごく自然にしっくりいったことは、とてもうれしかったですね。

「ファッション」という言葉は、一過性の流行の要素を感じさせるので、わたしはあまり好んで使いません。永続的な「スタイル」について話すほうが好きですね。とはいえ、伝統にとらわれた融通の利かないものではなく、いまの暮らしに合うように、型や生地を絶えず進化させていくスタイルのことです。伝統的で古典的なものには、常に新しい想像力と工夫を加えることができます。それがデザイナーの役目でもあるのです。

自分が過ごすライフスタイルに合う、心地良い服を選びましょう。一般的にコーディネートしやすい色の服を選ぶことで、買う数を減らし、より質の良いものを買うことができます。そうすることで、着こなしが良くなるとともに、気持ちも晴れやかになり、自信を持つことができるでしょう。自分が何を心地良いと感じるのか、理解する努力をしましょう。「最新ファッショントレンド」だとしても、自分に似合わないと感じたら、無理に追い求める必要はありません。

わたしは、服は人の身体のためのデザインだと考えています。ファッションにはファンタジーの部分もありますが、わたしは、服とはあくまでも着る人を楽しませるもの、着やすいものであるべきだと思います。お客さんが自分でよく考えたうえで、自分が着る服を選択するようになったらうれしいですね。これは、デザイナーとしてのわたしから、お客さんであるあなたへの要望です。でもそれは、お客さんを個人として尊重しているからです。それがわたしの哲学なのです。

わたしにとっては、どの分野においてもデザインの本質は、素材や使用する目的への配慮、そして個人の尊重にあると考えています。

マーガレット・ハウエル　デザイナー。１９４６年、イギリス・サリー州生まれ。１９７０年にメンズシャツのデザインを発表し、１９７７年にロンドンのサウス・モルトンストリートにメンズショップをオープン。現在はウィメンズ、メンズ、ハウスホールド・グッズを手掛け、日本やイギリス、フランスにショップを構えている。

写真・最近購入したのは、シンプルなデザインで美しいハンス・J・ウェグナーのソファベッド。背を倒してフラットになる機能的なものながら、そっけないほどにミニマルなデザインだ。

53歳　平松洋子さん（エッセイスト）

全ては書くことのために。静穏な気持ちで一日を過ごす

わたしの朝ごはん

このところ、朝食は努めて軽くしている。欠かせないのは、自家製野菜ドリンク、アーモンド、煮干し、黒にんにく、お茶。青森産のにんにくを熟成発酵させた黒にんにくは、柔らかくてフルーツのよう。夏でも熱いお茶は必須。

（上）朝の光が差し込むリビング。（下）スポーツウエアに着替え、早朝、近所を1時間歩く。

流しの背面には収納棚と冷蔵庫。料理は実に手早く、仕上げると同時に、流しや水切りかごもきれいに片付いている。

狭すぎず、広すぎず。

わたしには、この台所で充分。

動きやすく、足りないものはありません。

毎日変わらぬ
朝の過ごし方こそ一日の基本

15年前の4月。平松洋子さんは夜型の生活から、午前4時半に起きる朝型に切り替えました。

「季節も良かったんでしょうね。4時半に起きてみたら、気持ちが良くて。電話も鳴らなければ宅配便も来ない。静かで、驚くほど仕事に集中できたのです。一日のなかに、こんなに集中できる時間があったのかと感動しました」

　夜中の2時、3時まで執筆していたときは、翌日に疲れが残り、一日がつぶれてしまうことも。平松さん曰く、「早朝の執筆時間は、昼間や夜の3倍、密度が濃く、効率も良いのです。これ、〝当社比〟なんですけどね」。

　7年前、自宅から徒歩10分のマンションの一室を、仕事場として借ります。子育てもひと段落し、いよいよ生活空間と仕事場を分けようと思い立ってのことでした。娘さんがまだ幼いころの日々を、平松さんはこう振り返ります。

「子育てと仕事と、綱渡りのような毎日でした。家で原稿を書いているときに、子どもや夫がテレビをつけるとイラッとしたり。家族はずいぶん気を使ってくれていたのに、そんな自分の感情がいやでしたね」

　下見に行った仕事部屋は、南側の一面が窓で、その向こうに緑が茂っていました。子どものころから植物図鑑を眺めるのが好きで、いまも植物園によく行くという平松さんは、即決します。

マンションの一室であるが、緑豊かな庭があり戸建てのよう。

リビングには、たっぷりの緑と、好きな写真を飾っている。

朝食のあと、窓辺に折り畳み椅子を広げて本を読むことも。

水屋簞笥の下段に器を収納。季節によって前後を入れ替える。

「カエデやいろんな苗木が植えられていて。雑木が好きと大家さんがおっしゃるのを聞いて、わたしと同じだわ、と。この緑がわたしには重要なのです」

現在は起床後、仕事場で2時間ほど執筆に集中してから、1時間ウォーキング。自宅に帰り、ご主人と朝食をとります。起きてからの4時間は、平松さんにとって一日の要です。

「早く起きて、仕事をしてから歩く。このリズムは絶対に崩せません。起床後の4時間がしっかりしていると、おのずとあとの時間も充実します。自分の体調管理がものすごく大事な仕事なので、なおのこと毎日規則正しくありたいのです。朝は一日の大事な柱であると、朝型に変えてから、意識が変わりました」

そこには、ダイエットのためというような動機はありません。健康維持でさえも、それが最終目標ではないのです。フラットな気持ちで、波立たない状態で机に向かいたいから、朝のリズムを守る。――全ては書くために。平松さんの中心には、常にこの思いがあります。

「書くことが一番やりたいことだから。もっといいものを書きたいと毎回思いつつ、続けているだけです」

なるべく 持ち物を軽くしていきたい

住まいは、「何も考えなくてもいい、やすらぎの場所」と、平松さんは言います。散歩の途

体調管理が重要な仕事。
だからなるべく、
一日のリズムを
崩さぬようにしています。

仕事場で使う桜材の机はオーダーしたもの。室内に飾った緑が、外の緑と融和し、開放感にあふれている。

執筆中は音楽なども聴かず、静寂のなかで集中する。午後はソファで20分ほど昼寝をすることも。

自著のほか、執筆のために集めた資料などで、大きな本棚もあっという間に埋まってしまうという。

仕事場のひと隅にはホワイトオークのバタフライテーブルが。ここで昼食を食べることもある。

中、なじみの花屋で買った草花がさりげなく飾られ、国内外の古道具屋などでひとつずつ買い求めた椅子やライトも、絶妙の配置で並んでいます。けれども、数年前から、「ものを持たないようにしたい」と思うようになったそう。

「50代になって、自分が少しずつ終わりに向かって生きているんだな、どういうふうに閉じていくかと考えるようになりました。自分にいつ何があってもいいように、なるべく持ち物も軽くしていきたいな、と」

先の震災で暮らしに対する意識は変化したかという、とてもひとくくりに軽々しくは答えられない質問に、平松さんはひとつひとつ言葉をていねいに選びながら、つないでゆきます。

「なにげない日常のひとつひとつがいかに重いものか。なんでもないことほどかけがえがないとわかっていたつもりだけれど、改めて考えさせられました。わたしは日常のことを綴ってきましたが、その重みをどこまで自覚して書いてきたか。いまでも立ち止まることが多いです」

生活者の視点で、食を手がかりに、社会と自分との関わりを描いてきた作家だからこその葛藤が垣間見えるようです。

人に支えられて、いまの自分があるということ

自宅と仕事場を分け、オンとオフという生活のリズムを整えながら暮らす平松さんですが、娘さんが大きくなるまでは、自身の仕事部屋はありませんでした。

「娘が15歳くらいになるまでは、常に時間が足りませんでした。子どもにこちらが合わせる生活でしたから。どうしたらもっと楽に、仕事と育児を両立させられるだろうといつも考えていましたね。こうでなければという、親としてのプレッシャーもありました。でも、仕事が忙しいときは、保育園の迎えをママ友に頼んだり、ごはんを食べさせてもらったり。本当に、そういう友に励まされ、救われて日常がなんとか進んだようなもの。家族もよく協力してくれて。だから、自分は人に助けられてここまでこれたという思いが、ずっと心のなかにあります」

それは、子育ての渦中は前に進むのに精一杯で気づかなかったこと。一瞬一瞬の小さな過去の積み重ねに支えられて現在があるのだと、いまなら痛いほどわかります。

「人に支えられ、試行錯誤を繰り返したあの歳月があるからいまがあると思うと、一日一日がより重いものに感じられ、時間もますます大事に思えてきます」

あたりまえの日常を支える、目に見えない愛情への感謝。平松文学に通底する独特の人間くさくて温かなまなざしは、そういう感情に裏打ちされた産物なのでしょう。

ひらまつ・ようこ　エッセイスト。１９５８年、岡山県倉敷市生まれ。東京女子大学で社会学を学んだのち、食の分野をテーマに執筆活動を始める。２００６年、『買えない味』（筑摩書房）でＢｕｎｋａｍｕｒａドゥ マゴ文学賞受賞。最新刊は『野蛮な読書』（集英社）。

暮らしの「大切なこと」を拝見します。

調味料やキッチンツールが並んだ一角。料理中、すぐに手を伸ばせる絶妙の場所に全てがそろう。

台所に紙やすりを常備。菜箸の先が丸くなったら、二つ折りにしたやすりに挟んでまめに削る。

三角コーナーはあえて置いていない。野菜くずなどはざるにためて、料理の都度、処分している。

同じ質問、それぞれの答え。平松洋子さんの場合。

Q　夜寝る前に読む、好きな本を教えてください。

Ⓐ　いつも10冊ほど並行して読んでいます。繰り返し読むのは夏目漱石の『硝子戸の中《うち》』です。就寝前に食べ物の本を読むと妙なところが覚醒させられるので、寝床では内省的な随筆を好んで読みます。

Q　身体のためにいつもしていることを教えてください。

Ⓐ　ヨガと歩くこと。体質にもよるでしょうが、ウォーキングを1年半続けて、奇跡のように身体が変わるのを実感しました。何をしても絶対落ちないような部分の贅肉も落ちたので、驚いています。

Q　他人にしてもらって、一番うれしいことは何ですか?

Ⓐ　特に用事があるわけではなくても、友だちからなにげない電話をもらうこと。気にかけてもらっているんだなと、うれしくなります。

Q　生きるうえでの理念、ポリシーを教えてください。

Ⓐ　「こうあるべき」と決めると苦しくなったり、ストレスになるので、ポリシーはありません。壮大な目標や遠い先の理想より、いま、目の前にある、やりたいことを毎日精一杯やる。ただそれだけです。

Q　元気のないとき、どうやって気持ちを切り替えますか?

Ⓐ　寝るに限ります。他人は自分の思い通りになどなりませんから、他人や自分を無理矢理変えようなんて考えません。それより「なんとかなるさ」という諦めと柔軟性があると、救われる気がします。

Q　食事をするうえで大切にしていることは何ですか?

Ⓐ　偏らず、いろんな種類のものをちょこちょこ食べること。具沢山のお味噌汁など、温かい汁物は一年中食べます。

Q　一番好きな家事と苦手な家事を教えてください。

Ⓐ　家事は、好き嫌いを考える前に手を動かしてしまいます。へたなのは裁縫。ミシンが特に苦手で、ボビンケースひとつもスムーズに扱えず、イライラして自己嫌悪に陥るので、はなからやりません。

Q　お金との付き合い方で心がけていることは何ですか?

Ⓐ　人によってお金を使うところは違い、そのデコボコのなかでどうにかこうにかやっている、きっちり整合性のつくものではないと思っています。家計簿つけやお金の運用は、一番苦手なことです。

韓国はじめ、アジアの食事情に通じている平松さん。1株単位で買い置きしているキムチで、この「豆腐キムチ」をよく作る。おいしく仕上げるコツは、キムチを庖丁で切らず、手で繊維に沿って裂くこと。「炒めるとトロトロッとなって食感も柔らか。韓国で教えてもらいました」。スライスした玉ねぎ、豚バラ肉、裂いたキムチをごま油で炒め、みりん、酒、しょう油で味付けする。添える冷奴は、大豆の味が濃い木綿豆腐が合う。

靴磨きはシーズンの入れ替えどきだけでなく、汚れたなと思ったら道具を取り出していそしむ作業。「磨いていると、頭の中が白くなる感じ。何もかも忘れて夢中になってしまいます」。汚れ落とし、クリーム、ワックス、Tシャツのはぎれは、すぐに使えるよう、かごにひとまとめにして靴箱に置いている。

平松洋子さんの暮らしのヒント

身体を動かし
手早くおいしいものを作り、
自分を解放する術《すべ》を
いくつか持つ。
心を平穏に保つための
さりげなく小さな工夫の数々。

今日はなにを

1 春から夏の終わりまでは、朝一番に季節の野菜とフルーツをミックスしたジュースを作って飲みます。りんご、ほうれん草、クレソン、キウイなど、そのとき家にあるものをミキサーにかけ、繊維まで飲み干します。

2 朝4時半に起き、すぐ執筆に集中したあと、1時間ウォーキングをします。15年来の朝型生活は、一日の大切な柱。リズムを崩さないように淡々と続けています。

3 ウォーキング以外にも、打ち合わせの場所までの道のりなど、よく歩くようにしています。隣町にシャンプーを買いに行くといった、目標を作ると歩きやすいです。

4 靴は表だけを手入れしがちですが、かかとやつま先も案外傷んでいるもの。こまめに点検し、なじみの店を作って修理に出すようにすると、長く履き続けられます。

5 夏はガラスの器を手前にするなど、食器棚の前後を季節によって入れ替えると、料理に合う器を選びやすくなります。

6 乾物を意識して使うようにしています。日持ちするものですが、しまい込むと忘れてしまうし、長く置くと酸化して味が落ちるので。

7 ときには、昔よく作った料理、好きだった料理を作ります。作り方や味の塩梅、それを作っていたころの家族の風景。忘れていたものが生活のなかにもう一度入ってくるように感じます。

8 献立を決めずに買い物に行きます。店先でおいしそうな野菜や魚を見て献立を考えると、旬に敏感になり、料理の幅も広がります。

9 地図や電車の路線図を眺めては、空想の旅をします。「この路線は海辺をこんなふうに走っているんだな」などと眺めて想像をめぐらすと、たとえ5分でも良い気分転換となります。

10 遠方の友だちや長く会っていない友だちに、特に用事がなくても、ときどき電話をします。自分も、用事のない電話をもらうとなんだかうれしく、気持ちがなごむからです。

11 本棚を整理したいときは、まず先に古本屋に電話をし、本を引き取ってもらう日取りを決めます。こうすると、先延ばしにできなくなり、確実に片付きます。

12 下着と靴下は、あらかじめクローゼットを点検し、何が何枚くらい必要か確認したうえで、買いに行きます。何かのついでに買うと、吟味が足りないぶん、失敗も多いものなので。無駄な買い物を防ぐための策です。

13 時折、ひとりで植物園に行きます。緑に包まれると、頭がすっきりして爽快に。帰宅後は仕事をせず、ゆっくりと過ごします。

14 移動するときは電車ではなく、できるだけバスに乗ります。バスに乗らないと見えないもの、気がつかない景色があるように思います。

15 時間のあるときに、ピクルスや酢漬けを作ります。パンにもご飯にも合いますし、ちょっとつまめる酸っぱいものが冷蔵庫にあると重宝します。

16 就寝前にヨガの座の形をとり、目を閉じて、ふーっと息を吐きます。気持ちがほどよく治まり、リラックスします。

17 古いTシャツは八分割くらいに切っておき、掃除用のはぎれにします。靴磨きの際も、柔らかくて手になじむので便利です。

18 菜箸の先がつぶれたり毛羽立ってきたら、軽く紙やすりをかけて、つかみやすくします。

19 テーブルの上には、花以外はできるだけものを置かず、常に整った状態を保つよう気をつけています。何もない状態を生活の基本形とし、崩れそうになったら、こまめに整理します。

20 玄関の床を、雑巾や濡らした新聞紙で拭きます。掃くだけではなく水拭きすると、気分さっぱり、すがすがしくなります。

21 部屋には絵や写真を飾ります。時折入れ替えると、部屋の風景を変えることができます。

挿画　フジマツミキ

53歳 石川博子さん（雑貨店店主）

ものも自分の心のなかも、まっすぐ見つめます

わたしの朝ごはん

朝ごはんは基本的に和食。食卓は、以前原宿のお店で使っていた什器を、自宅に持ち帰ったもの。

作家ものの器の隣に釘、洋服の隣にキッチンクロス……というふうに、カテゴリーに縛られない、自由なディスプレイが「ファーマーズテーブル」の特徴。模様替えも日常茶飯事。

お店は、かつて工場だったという物件。約3カ月かけ、できる限り自分たちの手で改装を行った。

建物そのものが魅力的だったので、余計な装飾はせず、空間本来の良さをそのまま生かした内装に。

お店が少しずつ広くなり可能性も広がっていく

「男性のお客さんが、結構増えたのよね。あと、前のお店では好きでもスペースの都合でなかなか置くことができなかった家具を、わりと気軽に扱えるようになりました」

暮らしまわりの道具を扱う石川博子さんのお店、「ファーマーズテーブル」が表参道から恵比寿に移転してから、1年以上が経ちました。場所が変わったことで、何か変化したことがあるかと尋ねると、「好きなものは、昔から変わらないから」と前置きしつつ、冒頭のような答えが返ってきました。「変わらないこと」、それでいて「進化し続けること」。「ファーマーズテーブル」というお店の26年に及ぶ歩みは、一見相反するふたつのことがらを、成り立たせてきた日々でもありました。

昭和初期に建てられ、長らく市民に親しまれてきた「同潤会青山アパート」の3階に、最初のお店がオープンしたのは1985年のこと。石川さん27歳のときでした。さらにその15年後、同潤会アパートの再開発に伴い、渋谷から原宿方面に抜ける遊歩道「キャットストリート」脇の一軒家に移転。その場所も10年の契約満期で、恵比寿に移ることとなりました。国内外のプロダクトや作家ものの作品、古道具などから、オーナーの感性で商品をセレクトし、暮らしのスタイルを提案する雑貨店は、いまでこそ珍しく

リビングにある棚の中には、お気に入りの雑貨たちと共に、海辺で拾った色や形の美しい石を飾って。

なくなりましたが、「ファーマーズテーブル」はその先駆的な存在のひとつ。そして現在も、石川さんの審美眼を楽しみに、新しいお客さんが次々とお店に足を運んでいるのです。

新しい表情を引き出すためにしっかりものを見る

お店が長く続く理由を尋ねると、石川さんは「自分ではよくわかりません。飽きずに足を運んでくれる、お客さんのおかげ」と言います。それでも「何か理由があるはず」と問い続けると、少し考え、こんなふうに答えてくれました。

「お店には自分が『いいなあ、好きだなあ』と思ったものを並べているのだから、『もの』が輝いて見えないのはまずいと思うので、工夫しています。あと、わたしにとってお店は『第二の家』のようなものだから、居心地のいい空間であってほしい。自分にとっての心地良さが、知らず知らずのうちに、お客さんの心地良さにもつながっていたのかもしれませんね」

お店は毎日12時オープンですが、石川さんは8時半過ぎには到着します。まずはていねいにコーヒーを淹れてお店全体をゆっくり眺めたあと、掃除をしながら、長い時間をかけて細やかに、お店のディスプレイを整えます。

「ある器をほかのものと組み合わせてみたり、置き場所を移動し、当たる光の量を変えてみたりします。すると『こんな表情があったんだ』と発見があり、それが何より楽しいんです」

店同様、自宅のインテリアもセンスが光る。

素人が始めたお店だから
失敗の連続でした。
でも、その失敗の数々が
自分を育ててくれたのです。

広々としたリビングが、家族団らんの定位置。

元スタイリストということから、以前は「ものを素敵に見せること」が自分の役割だと考えていたそうです。

「でも違うのね。わたしがやるべきことは、ものを『正しく』見せること。もの自体は魅力的なんだから、それを引き出せばいいんです」

石川さんにとって、お店で過ごす朝の時間は、ものをしっかり見つめ、対話を行う大切な時間。「ファーマーズテーブル」が魅力的に輝き続けてきたのは、石川さんのこのひたむきな、ものへのまなざしがあったからなのでしょう。

石川さんのもの選びの基準はただひとつ、「自分が家で使いたいかどうか」。世間の流行や売れ行きなどは一切関知せず、また、ものの来歴や薀蓄に左右されることもありません。石川さんの夫で、お店のグラフィックを担当しているデザイナーの石川源《みなと》さんが、以前こんなふうに語ったことがありました。

「博子にかかると、美術館に並ぶ器も、海辺で拾った石ころも、まったく同列な『もの』なんだよね。自分の目だけに正直に選んでいるから、店はいつでも『博子流』でいられるんだよ」

お店も心のなかも風通し良くあるために

お店の風通しの良さは、そのまま、石川さんの人柄にも通じます。仕事で何か問題が起こって「もやもや」したとき、いつまでもその感情にとらわれないで、できるだけ具体的に、自分なりの対処法を実践しています。

まずはお店や家の中を模様替えします。ものを動かすことで、固くなった気持ちもほぐれていきますし、ふだん見落としがちな場所の、掃除のきっかけにもなります。さらに、問題が起こった原因を徹底的に考え抜きます。くよくよと感情的に悩むのではなく、「あのとき自分がどうすれば、この問題は起こらなかったのだろう？」とさかのぼって、冷静に自分の振る舞いを見つめ直します。そして次の行動につなげていくのです。

「あまり深くものを考えないタイプだし（笑）、何の経験もない、生意気盛りの20代の女の子がいきなりお店を始めたわけだから、失敗はそれこそ山のようにしてきました。お客さまや仕事相手から怒られた経験もしょっちゅう。でも、失敗は大きな財産です。そこから学べることは、本当にたくさんあると思います」

恵比寿のお店は、築50年近くになる元工場ビルの古い階段を昇った4階にあります。新しい場所でスタートしても、「新しいことをやろう」という気負いは一切ありませんでした。ただそこにある「もの」が居心地良くいられるように、お店も石川さんも、吐いて、吸って、呼吸して、新鮮な空気を取り入れ続けているのです。

いしかわ・ひろこ　雑貨店店主。１９５８年、東京生まれ。文化女子短期大学、文化服装学院卒業。スタイリストとして活躍後、１９８５年、表参道の同潤会アパート内に生活雑貨の店「ファーマーズテーブル」をオープン。その後、お店は２０１０年に恵比寿に移転した。

暮らしの「大切なこと」を拝見します。

数年前に自宅のマンションを改装したときに、壁は額やポスターなどを気兼ねなく飾れるようにと、シナベニヤ板に替えた。

お店で扱っている商品たち。(左) イギリスの古いケトルは、「よく働きそうな、無駄のないデザインが好き」。(下) 佐賀県唐津の陶芸家・中里花子さんの作品。

何度も同じ本を読むことは少ないけど、村上春樹さんの小説は例外。

同じ質問、それぞれの答え。
石川博子さんの場合。

Q 夜寝る前に読む、好きな本を教えてください。

Ⓐ 村上春樹さんの小説。物語の世界にどっぷり入り込みたいので、『ねじまき鳥クロニクル』や『1Q84』など長編を手にすることが多いです。

Q 身体のためにいつもしていることを教えてください。

Ⓐ 生活のリズムを崩さず、身体を冷やさないようにしています。

Q 他人にしてもらって、一番うれしいことは何ですか?

Ⓐ ほめてもらうことです(笑)。言葉できちんと伝えてもらうと、やはりうれしいものです。だから自分も、「いいな」と思うことは、素直に口にして本人に伝えるようにしています。

Q 生きるうえでの理念、ポリシーを教えてください。

Ⓐ 全てのことに、感謝の気持ちを忘れずに。自分が忘れっぽい性格なのを自覚しているので、時折思い出すように心がけています。

Q 元気のないとき、どうやって気持ちを切り替えますか?

Ⓐ 部屋やお店の模様替えをします。身体が疲れているときは、とにかく寝ます。

Q 食事をするうえで大切にしていることは何ですか?

Ⓐ 一緒に食べる人と、「おいしいね」と言い合うことが大事だと思います。

Q 一番好きな家事と苦手な家事を教えてください。

Ⓐ 家事は全部苦手です(笑)。ただ、洗濯物を干すのは、比較的好きかもしれません。

Q お金との付き合い方で心がけていることは何ですか?

Ⓐ 自分の身の丈や価値観に合った付き合いをします。たとえ自分がどんなにお金持ちになったとしても、「この商品にこの金額は、ちょっと……」と感じるものは、買いません。

(右上・左上) ものを天井からぶら下げたり、窓辺を効果的に使ったり。自由なディスプレイが「ファーマーズテーブル」らしい空間を作る。(右) 朝、お店に到着したら、まずコーヒーを淹れるのが習慣。規則正しい一日が心と身体の健康につながる。

石川博子さんの暮らしのヒント

ものとの付き合いは人間同士の関係にも通じています。暮らしのなかで目指すのはお互いの心地良い距離感と風通しの良さです。

今日はなにを

1 気持ちがもやもやとするときは、部屋の模様替えをします。ものや家具を動かすことで、不思議と気分もリフレッシュしますし、ふだん手が届かないところの掃除のきっかけにもなります。

2 仕事から家に戻ってきたとき、部屋の中が散らかっていると疲れが増すので、「ここだけは必ず」という整理をする場所を決めておきます。わが家では、玄関とダイニングテーブルの上です。

3 家事は自分ひとりで背負い込まないようにしています。できないときはできない自分を許し、家族に協力を仰ぎます。

4 何か問題が起こったとき、いつまでも悶々として、その場所に留まらないようにしています。マイナスに考えても物事は良くならないし、最終的には、自分以外に問題を解決してくれる人はいないからです。

5 たとえ前日夜更かしをしても、朝は早起きします。朝日を浴びると、それだけで元気をもらえます。

6 朝ごはんは必ず、家族3人そろっていただきます。一日の始まりを共にすることで、自然と家族の絆が生まれます。

7 子どもが育ち、社会性が出てきたときには、家族との用事より外との関わりを尊重してあげます。子どもにとっても社会は、自分の居場所を作る大切なところだからです。

8 子どもに対して、感情的に怒ることはしません。怒りでは何も伝わらないと思うからです。

9 一般的に夫婦は「一番気を使わない関係」と言われているかもしれませんが、わたしは逆に「気にし合う相手」だと思っています。パートナーをいたわることは、自分が元気に生きることにつながっていると思います。

10 ゴールにたどりつくまでの道のりを想像して、どういう行き方が楽なのかを考えるようになりました。困難な方法を尊ぶ人もいますが、わたしは自分の身体と心が喜ぶ方法を優先します。

11 「失敗」は大きな財産だと思います。そこから学べることは、本当にたくさんあると思います。

12 何か失敗をしたら、「あのときどう行動すれば失敗しなかったのか」と、必ず過去にさかのぼってシミュレーションをし直します。自分で原因を考え抜くことで、次につながります。

13 計画どおりにいかないとイライラの原因になるので、緻密な計画を立てないようにしています。

14 人にプレゼントを渡すとき、相手の好みがわからない場合は、できる限り、わたしらしいものを差し上げるようにしています。

15 料理の献立を考えるときは、自分の身体がいま、何を求めているか、身体に問いかけることを基本にしています。

16 一年を通じて、基本的に冷たいものは口にしません。身体を冷やすようなことはできるだけしないように心がけています。

17 「疲れた」と思ったら、寝て癒します。たとえ人から「そんな早い時間に？」と驚かれるような時間でも、床に就きます。

18 ときどき食器棚の器の入れ替えをします。ふだん出番の少ない器を使うと食卓も新鮮です。

19 体調が今ひとつなときは、根菜をよく食べるようにしています。煮物や豚汁が定番メニューです。

20 どんな時代になろうと、男の人を支える女性でありたいと思います。そして娘にも、男性を立てる女性に育ってほしいと願っています。

21 ものを選ぶとき、薀蓄や来歴には一切とらわれません。でも、好きなものにどんな背景があるかを知るのは楽しみます。

22 体調が悪いときも、薬はほとんど飲みません。ストレスをためないで、よく眠り、栄養のあるものを食べる。そして自分の自然治癒力を信頼します。

挿画　フジマツミキ

住まいのヒント
心地良い暮らしの空間

ホルトハウス房子さん

古いものと新しいものが絶妙のバランスで混ざり合う無国籍の佇まい。

①書斎は自分ひとりになれ、一番落ち着く空間です。壁には、好きな陶芸家のひとり、小山《こやま》冨士夫さんの書を飾っています。鎌倉彫の名人といわれた職人による、網代《あじろ》彫の雲板に入れました。②書斎用にと、なじみの道具屋で購入した照明。上下に高さを調節できるところがおもしろいのですが、いまだいじったことがありません。③ミュージックテープも再生可能なオーディオプレーヤー。クラシックをたまに聴きます。④海外に嫁いだ娘が買ってきてくれたiPad。残念ながら使ったことがありません。⑤鎌倉彫の文箱は、①の雲板を作った職人の作です。⑥東洋の古いものと思われる机は、20年ほど前、やはりなじみの道具屋で見つけて心惹かれましたが、腰が抜けるほど高価だったので断念。何年後かに、「まだありますが、いかがですか」とお店から電話があり、縁を感じて購入しました。⑦革張りの箱はたぶん中国製。手紙入れにしています。⑧ひと息つく就寝前、書斎で座って本を読むことが多いので、疲れにくいカッシーナの椅子にしました。⑨元来わたしはも

写真　田渕睦深　松本のりこ　一之瀬ちひろ　　取材・文　大平一枝　渡辺尚子　田中のり子

のぐさで、鉛筆も先が丸いまま放っておくのですが、娘が帰国するたび、全部削っておいてくれます。⑩京都の道具屋で買った朝顔の絵皿。ちなみに右の壺は、初めてパリに行ったとき、蚤の市で購入しました。口が朝顔の形をしていて、こちらも朝顔柄。ふたつ合わせて、わが家の夏のしつらいの定番です。⑪象嵌《ぞうがん》の施されたキャビネットはヨーロッパのもの。鎌倉の骨董屋さんのご自宅にあったものを、わたしがあんまり「きれいな台ね」とほめたものだから「お譲りします」と。⑫ハンガリーを旅したとき、民芸品のコレクター宅でひと目惚れした絵皿。最初は「売らないわよ」と言われたのですが、「そのバッグと交換ならいいわ」と。直前に立ち寄ったパリで買ったばかりのバッグと交換して手に入れた、思い出の品。⑬ラリックのアンティーク。絹のコードまで全てが古いのは珍しいそうです。⑭家を建てたときに購入したイタリアの木工作家の椅子。精緻な象嵌の柄がユニークで、惹かれました。⑮羽毛入りのソファは、張り替えながら40年来愛用。最初は目の覚めるようなきれいなブルーでした。⑯漆塗りの円卓も、家を建てた40年前に道具屋で買ったもの。料理の撮影にもよく使いました。最初は鮮やかな朱色でしたが、せっせと拭き過ぎて、しだいに下塗りの黒が出てきました。20年前に一度天板を直しています。

久野恵一さん

買った場所。作り手の言葉。ひとつひとつに物語が詰まった愛着の品々が作るやすらぎの間《ま》。

①ダイニングルームの作り付けのベンチには、とりわけ好きなものを置いています。ピッチャーは、小鹿田《おんた》焼の名陶工だった坂本茂木《しげき》さんの作。ハンドル付け、形、模様の付け方、全て茂木さんならではの味わいがあり、日本一のピッチャーだと思います。②幕末のころの絵皿。名品ではありませんが、海と南蛮船の絵柄、淡い青磁の色合いのつば縁は、なんともいえず心に訴えてくるものがあり、3年前、長崎の骨董屋で買いました。③ブリキを叩いて仕上げた壺は、焼き物の技術がなかったころのフィリピンのもの。直火にかけてコーヒーを淹れたりしていたのでしょう、黒ずんだなかに独特の味わいの美が。④アフガニスタンのキリム。⑤敷物はトルコのキリムです。中近東の古い織物は、模様が素朴で嫌みがない。ヨーロッパ文明ともまた違った、おおらかなたくましさを感じます。身近にひとつでもあると、気持ちがいいものです。⑥稀少なニセアカシア材のテーブル。これだけ大きな板はとりがたいので、短い板を組み合わせる朝鮮張りでとお願いし、松本民芸家

具の職人さんに作ってもらいました。同家具創始者の池田三四郎さんが来訪された際、「おらっちの家具だが、なかなかいいじゃないか」とおっしゃったのが忘れられません。⑦「工芸の間」と呼ぶ趣味の部屋。壁は、韓国の民家の床や天井に張られた、黄味がかったオンドル紙から発想を得て、芥子色の強制紙を重ねて張ってもらいました。⑧螺鈿《らでん》細工、漆仕上げの政岡箪笥《まさおかだんす》は、幕末から明治の初めのごくわずかな間に仙台で作られました。けっして雅《みやび》なものではなく、富裕層の庶民や文人が愛用したもの。当時の洒落心が伝わります。⑨沖縄・首里の骨董屋で買った「屋根シーサー」。屋根や家を守ってくれるという庶民の信仰心から生まれた、素朴で愛嬌のある表情が好きです。⑩33年前、岐阜県谷汲《たにぐみ》村（現・揖斐川《いびがわ》町）の道具屋の片隅で埃をかぶっていました。形、二色の釉薬《うわぐすり》のかけ方、染め分けの良さ、てらいのなさにひどく心を奪われて購入。その後、尊敬する工芸意匠家の鈴木繁男さんに「民藝の真髄がここにある」と言われたときはうれしかった！⑪富山・八尾の和紙工芸家、吉田桂介さんが表装した泰山文字の装案。「逆さに読んだら久野有りだね」と、民藝同人宅で冗談を言ったら、「ぼくより久野さんが持っているほうがいい」と、後日送られてきました。その方との思い出もしみ込んでいます。

伊藤まさこさん

家族の共有スペースには
私物を置かない。
収納の工夫で美しくシンプルに。

①大橋歩さんのリトグラフを数枚持っていて、そのときの気分によって掛け替えています。今日飾っているのはアリンコチェア（デンマークの建築家アルネ・ヤコブセンの代表作）がモチーフになっています。②ペンダントライトは北欧製。シンプルなフォルムが気に入っています。③ウェグナーの椅子は、形がきれいなので愛用しています。アンティークですが、座面部分は新たに編み直してあります。もし壊れても、買ったお店で修理の手配をしてくれるので、安心して使えます。④椅子にぴったりのダイニングテーブルがほしくて、三谷龍二《みたにりゅうじ》さんに設計を、木工家の横山浩司《こうじ》さんに製作をお願いしました。⑤ほぼ毎日、一日の終わりに床を雑巾がけします。掃除しやすいよう、床の上には物を置かないようにしています。⑥キッチンの隣にあった一室を三つに区切り、食器棚と納戸と本棚にあてました。⑦棚の上段には子どもの工作作品を飾っています。中段には本を並べて。⑧パソコンやテレビは扉の中に。配線や電源も扉の内側に入れてすっきりとさせました。

石川博子さん

国内外のアンティークは、見た目を楽しむだけでなく、暮らしに取り入れています。

①15年ほど前、東郷神社の骨董市で買ったアンティークの階段箪笥。マンション暮らしのわが家にぴったりの、コンパクトなサイズです。②イギリスのアンティークで、アスパラをゆでる鍋だったというホーローの箱。薬入れとして活用。③どこかの骨董屋で見つけた、すりガラスのオブジェ。文字や数字をインテリアのアクセントに使うのが好きです。④娘の子どものころの写真を中心に、家族の思い出を壁に。⑤ニューヨークの蚤の市で見つけた、50~60年代のパーコレーター。⑥アンティークの靴下用ハンガーとラグビーター（ラグたたき）は、形がユニークなところがお気に入りで、オブジェとして壁に飾っています。⑦古い廃材を活用したインド製のガラス棚。並んでいるのは、「ケメックス」のコーヒーメーカーの歴代モデルなど。⑧手作りの本棚には、夫婦の蔵書を収納。文庫本は全てカバーを取って、見た目に統一感を持たせています。⑨アンティークのスツールは、植物のディスプレイ台として活用。⑩インドの布をクリップで挟み、カーテン代わりに。

浅岡みどりさん

元米軍ハウスの住まいは、
縁あってやってきた
家具や雑貨で満ちています。

①アメリカ暮らしをしていた叔父から譲り受けた、大きめのサイズのソファ。②お店でひと目惚れして連れて帰ったぬいぐるみ。最初は白黒の1匹だけでしたが、さみしそうだったので、あとからもう1匹追加しました。③古道具屋で見つけたスツールを、サイドテーブル代わりに。④美容院から譲り受けたテーブルは、10人くらいで囲んでもへいちゃらな、頼もしいサイズがお気に入り。丸テーブルは食事中の会話がひとつにまとまるので好きです。⑤教会などで廃棄処分になりそうだった椅子を、それぞれ引き取りました。⑥カーテンの向こうは、もともとシャワールームだった空間で、いまはもの置きにしています。南向きで光がよく入るので、鉢植えの植物もたくさん置いています。⑦書類が入った本棚には、南米のアンティークの布を目隠しに。⑧古道具屋で見つけた小引き出しの愛称は「種箪笥」。植物の種を収納しています。⑨主人が大学生のころからずっと自室に置いていたという陶器のダルメシアン犬。引っ越しのたびに連れてきて、いまに至ります。

門倉多仁亜さん

シンプルな部屋の中に、長く使い続ける愛着あるもの、くつろぎの要素をちりばめて。

①書斎の壁には、知人の写真家、志鎌猛《しかまたけし》さんが森を撮影した作品を飾っています。②15年前、新婚時代に手に入れたスタンドライトは、高さを3段階に調節できるすぐれもの。③夫の小物入れ。会社から帰ってきたら、ポケットの煙草やイヤフォンなどを出し、いったん入れておくかごです。④インドの古材をリサイクルして作られた本棚は、素材感と、埃が入らないのが気に入って購入。料理関係の洋書などを収めています。⑤15年来使っているアンティークの椅子は、５年前、自分で座面を張り替えました。カーテンの切れ端を安く買い、ＤＩＹ用のホチキスで留めただけ。ちょっと派手な柄も、椅子なら部屋のアクセントになります。⑥アメリカに長期滞在した際に購入したソファは、夫がくつろぐときの定位置。これに座り、⑤の椅子に足をのせて、部屋のコーナーにあるテレビを見るのです。⑦本を読むカエルの王子は、アメリカ滞在時に購入したブックエンド。悲しいかな、日本では本棚さえ小さくて居場所がなく、いまではドアストッパーになっています。

第3章　70代、80代
わたしの暮らしのヒント

毎日の繰り返しこそていねいに。
ささやかな工夫が暮らしに灯をともします。
その静かな、小さな温かさが
また新しい豊かさをもたらします。

志村ふくみ　87歳

工房の若い人たちには、織物を学ぶには、むしろほかの分野の勉強が必要であり、本物を見て心に刻むことが大切だと話します。

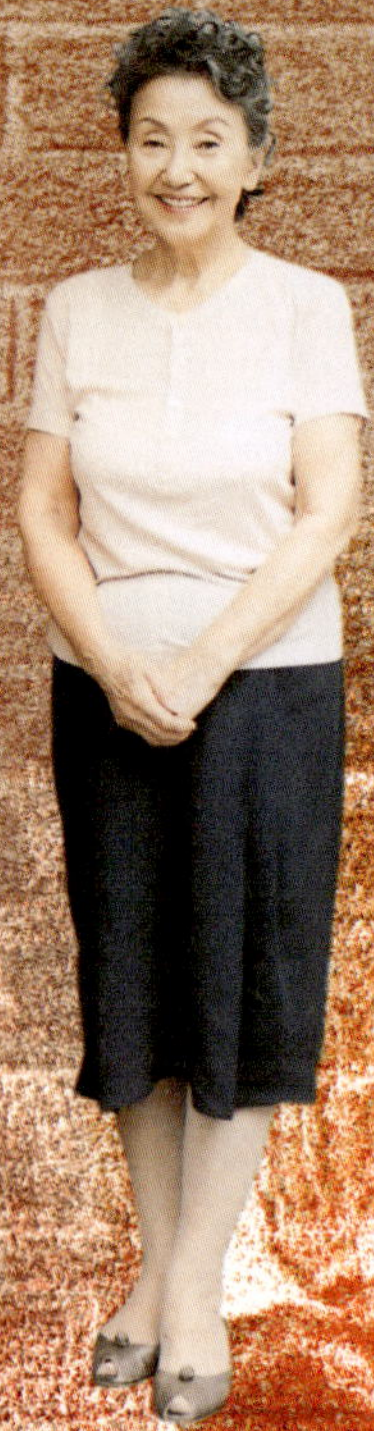

ホルトハウス房子　77歳

出汁とスープストックは必ずとります。身体にしみわたる、食べ終えても残るおいしさ、そんなうま味があるので欠かせません。

末盛千枝子　70歳

運命をどう受け止め、受け入れられるか。それが、悲しみを乗り越えるということであり、幸せかどうかを決めることだと思うのです。

津端修一　86歳
英子　83歳

年をとるほど、身体を動かすことが大切だと感じます。日中によく動き、夜はしっかりと眠る。その繰り返しが健康の元です。

写真　田渕睦深（104～118頁）松本のりこ（102頁志村ふくみさん）
取材・文　大平一枝（104～111頁）
イラスト　阿部伸二（102～103頁）

77歳　ホルトハウス房子さん（料理家）

味を足すより、手間を掛けたていねいな料理を

わたしの朝ごはん

フレッシュチーズ、季節の野菜、ヨーグルト、コーヒーが定番。ヨーグルトには、はちみつをかけたり、甘く煮た梅を添えることも。ランチクロスには必ずアイロンをかけて。コーヒーを入れたカップは友人の作、皿はアンティーク。

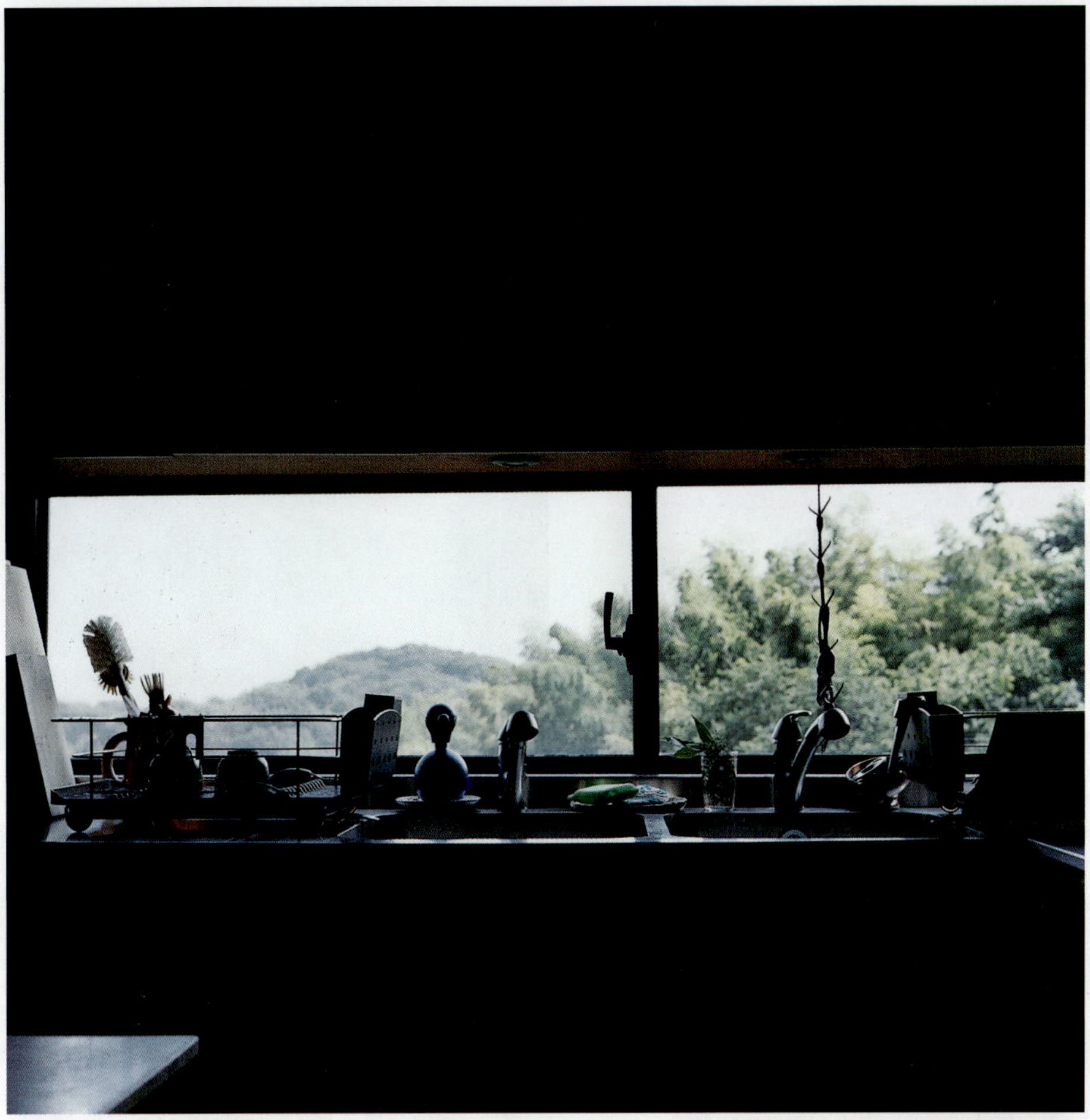

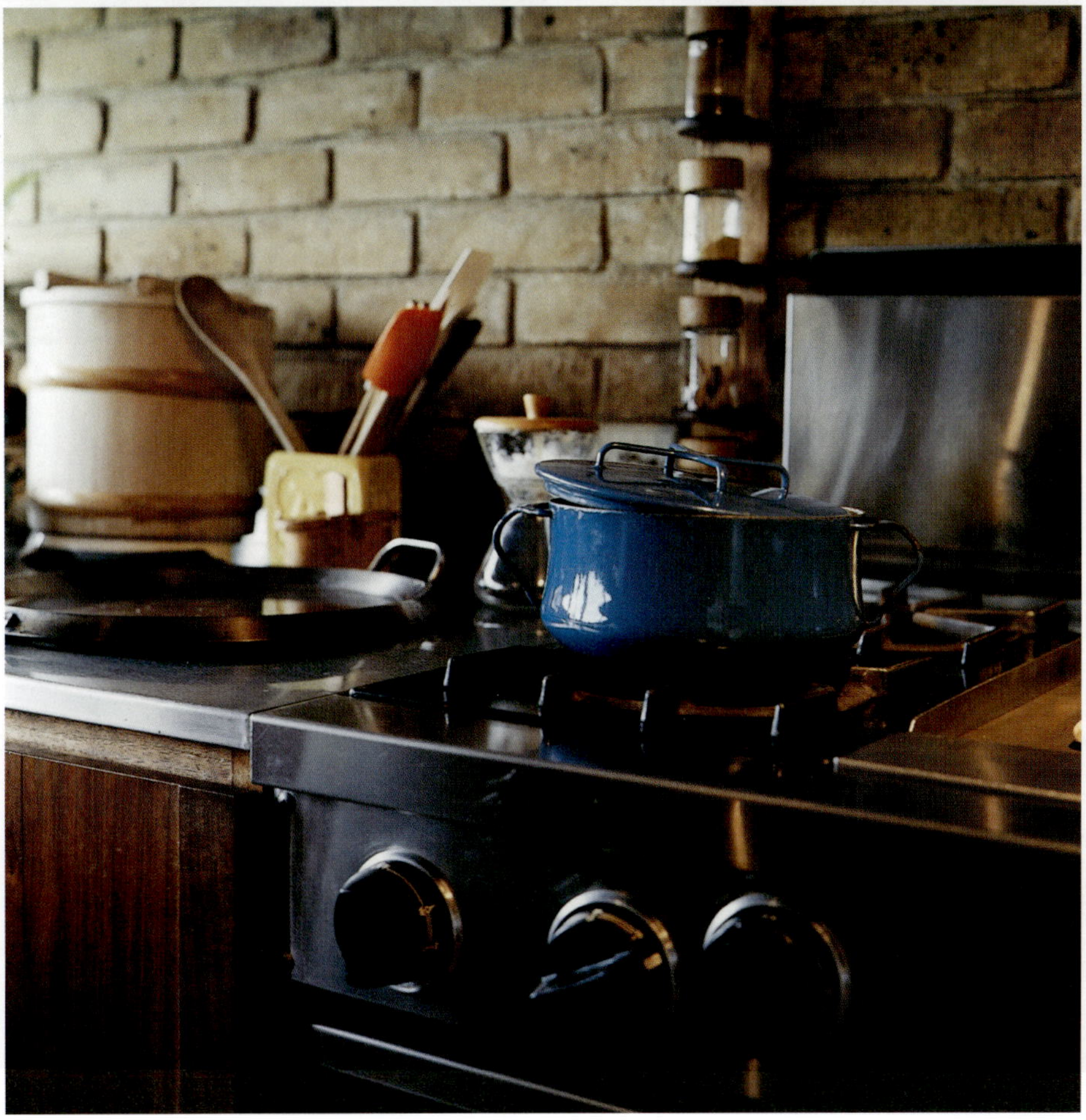

キッチンは、正面の窓一面に緑の丘陵が広がる。元はベランダだった部分を改修し、広々とさせた。

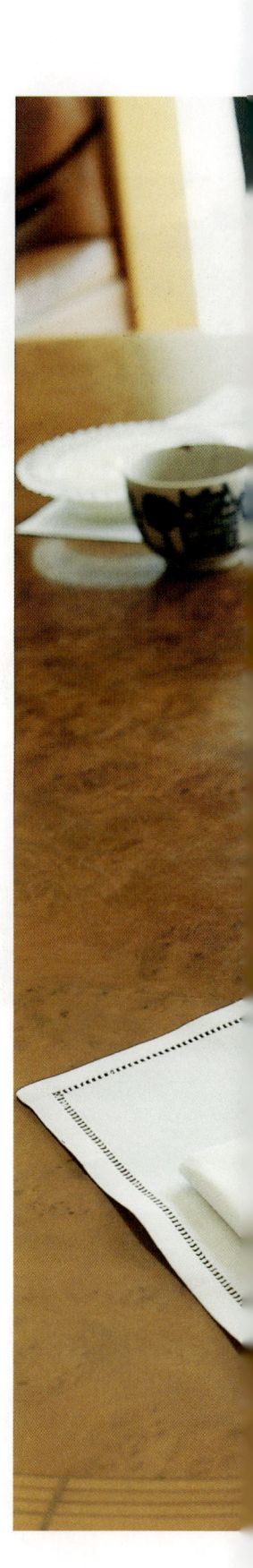

料理教室もこの自宅キッチンで開かれる。手前のオーダーの作業台は収納量豊富で、使いやすさ抜群。料理のあとは必ず床の拭き掃除をする。

やかんが好き。よく磨き込まれたクイジナートの古いケトル。

奥行きのある食器棚。前後2列の器は季節で位置を替える。

料理の要は
タイミングと出汁

「教室の生徒さんのひとりが、『料理はまだまだですが、掃除がうまくなりました』とおっしゃって、なんとも面映ゆい気分になりました」。

そう話すホルトハウス房子さんは、西洋料理を日本の家庭にいち早く紹介し、自宅で開く料理教室は、40年以上生徒が途絶えることがありません。けれども自身では、料理は独学で、料理家というほどの者ではないと言います。

「教室は人から頼まれて偶然の流れで始めただけ。調理の基本である、食材の扱い方、道具の洗い方、後始末、見て美しく機能的な道具の収納など、少しずつでも見て覚えてほしいと思います。味付けは小さじ1杯なんて細かく言わないの。だってわたし自身、そんなふうに量って作らないですもの」

では、おいしい料理の秘訣はなんでしょうと尋ねると。

「良い材料と、タイミングかしら。おいしいものをおいしいときに食べること。そのために旬の食材を選びます。また、米研ぎひとつもタイミングが大切です。いつまでも水につけておいたら、吸水し過ぎておいしくなくなりますからね。肉類は調理する30分前には冷蔵庫から出して常温に戻しておきます」

調味料を多用しないことでも知られています。

「塩、こしょう、酢、油があれば、だいたい

手に触れた感じが、いまのものと違って
どこかやさしい。そういう器を継いで
長く大事に使いたいのです。

古い小鉢は絵柄に合わせ、細い線で金継ぎをしてもらった。

オランダ製の古い絵皿は色を足して繕っている。

大倉陶園のふたもの。「つまみの金継ぎは芸術」と房子さん。

旧ソビエトで買った木製卵入れ。継いで首飾りの模様にした。

のものは作れます。いろいろと足し過ぎると混然としてしまい、うま味があってもわからないですから。滋味というのは、塩が入っていないおかゆにもある。塩さえも使い過ぎないことです。ですから、ひと口目に強い味が前に出てくるような料理は苦手ですね。コンビニの惣菜などにはそういう味が多いかもしれません」

料理をおいしくするには、一にも二にも出汁をていねいにとること。冷蔵庫には、ひとかかえもある保存容器に入ったスープストックを常備。69頁のレシピ「いんげんのクリーム煮」でも使うスープストックの作り方は、意外なほどシンプルです。鶏ガラを2〜3羽分切って煮出すだけ。香料も塩も入れません。とはいえ、鶏ガラの脂と血合いを取って水洗いし、ふつふつと沸き上がるくらいの温度で、常に水がかぶっているよう足しつつ、丹念にアクをすくいながら1時間ほど煮るのは根気がいります。

「そうね、根気以外の何ものでもないわね。でも、これがあったら料理は絶対おいしくなるの。あれこれ足さなくてもうま味が出る。わたしにとっては切らしたら困るものです」

房子さんは昼食をとりません。日中は仕事が忙しいためと、食事を支度して味わい、片付けるまでには3時間を要し、昼食にもそれをしていたら一日が終わってしまうから。つまりそれだけ、食事に掛ける手間を惜しまないのです。

「ただただ人においしいって言ってもらうのが好きなのです。わたしもくいしんぼうですし。

真っ白な麻のクロスは、料理教室の生徒さんの作品。

リビングの外は、雑木林を見渡せる広いテラスが続く。

裁縫箱。「唯一できる手芸はかぎ針編み」と話す。

キャビネットの上は、季節ごとに器や人形、絵をしつらえている。

照明スタンドは、家を建て替えたとき、サプライズで娘さんから贈られたティファニーのアンティーク。

建物を見て歩くのが好きです。建物からは、設計者や住み手の思いが伝わると思うから。

来客の多いホルトハウス家には暖炉が。手前にいるのは愛猫のブーツ。愛称は「ぶーちゃん」。

生徒さんからも、〝家で作ったら家族が大喜びでした。おいしかった〟と言われますと、うれしいですよ。結局料理ってそういうことですよね。誰かに喜んでいただけるだけで、こちらは大満足。手間暇掛けたものならなおさらです」

料理家というほどの者ではないと謙遜した房子さんは、料理家である前に、とにかくおいしいものが好きな人。そして何より、おいしい喜びを分かち合える「人」が好きなのでしょう。

道具を手入れすると料理もおいしくなる

器好きで、古道具屋などで目を引くものがあると、「わたしを呼んでいるわ」とつい買ってしまうという房子さん。割れたら金継ぎに出して直します。

「人から見たらこんなものというようなものでも、自分にとってかけがえがなければ、直して使い続けたいのです。先日は、ずっと昔にアメリカで買った、洗面所のガラスのごみ箱を継いでもらいました。さすがに継ぐ方がとまどってらしたけど」

器は継ぐことで、以前にも増して愛着が湧くと房子さんは言います。そして、台所道具も手入れすることで、料理はおいしくなると。

「だって、焦げたものが鍋に張り付いていたら、味が変わってしまうでしょう?」

そう、清潔であることも、おいしいもののためのひと手間なのです。

心配しても何も生まれないからいつも先のことは心配しない

23歳のとき、エンジニアのアメリカ人男性と結婚し、女児ふたりを出産。家族で世界各地に暮らしました。帰国後、ふとした縁から始まった料理の仕事を含め、「何もかも、想像もしていなかった人生です」。しかし、どの局面でも心配より楽しみを探しながら歩んできました。

「初めての外国生活も、不安以上にどんな楽しみが待っているかしらと考えるタイプ。心配はしてもしょうがないから始めからしないのです。高望みもしない。生徒さんの相談ごとも聞くしかできず、最後に〝わたしのうちも似たようなものよ〟と言うと、どなたもほっとなさいます。生きていればいろいろある。みな同じです。きっと、全ては時間が解決するのでしょう」

春が来たら蕗を煮て、春の人形を飾り、春のお膳立てをする。夏には夏のしつらいとお膳立てを。房子さんのように細やかな季節の移ろいに心を寄せながら暮らしていると、心配より楽しみの種が次々と見つかりそう。料理を通して、日本ならではの暮らしの喜びや、すこやかな心の保ち方を学ぶ。それが房子さんの教室の真の魅力なのかもしれません。

１９３３年、東京生まれ。アメリカ人エンジニアの夫と23歳で結婚、年子で女児を出産。転勤で、50年代後半からアメリカ、アジア各地で暮らす。鎌倉に建築した自宅で、70年から料理教室を主宰。94年、自宅隣に洋菓子店『ハウス オブ フレーバーズ』を開店。

暮らしの「大切なこと」を拝見します。

「季節や行事に合わせて好きな人形を、粗相のないよう出したりしまったりしていると、自然と心が落ち着きます」と房子さん。その一部をご紹介。(左上)正月に飾る『華』。京ほり師春堂の作。(右上)木彫の雅な表情の『立ち雛』は桃の節句に。(左下)『まつりのころ』。祇園祭りの稚児を連想し、夏にしつらえる。(右下) 初秋『虫めづる姫』。堤中納言《つつみちゅうなごん》物語より。

「昔の本は装丁や色がいいわね」。書斎の本棚には初版本が多数。

同じ質問、それぞれの答え。
ホルトハウス房子さんの場合。

Q 夜寝る前に読む、好きな本を教えてください。

Ⓐ 読みさしの雑誌、単行本など。特定の本はありません。半分、睡眠薬みたいなものなので。

Q 身体のためにいつもしていることを教えてください。

Ⓐ 特別ありませんが、毎朝、運動します。ウォーキング、またはストレッチ等々、そして好きなことをしています。

Q 他人にしてもらって、一番うれしいことは何ですか?

Ⓐ こちらの気持ちにそってくださればうれしいことですから……。義理でない好意でしたら。

Q 生きるうえでの理念、ポリシーを教えてください。

Ⓐ 我と我が身の欲するままに。常に自由でありたいと願います。

Q 元気のないとき、どうやって気持ちを切り替えますか?

Ⓐ 本を開きます。小説であったり、画集であったり、写真集であったり。

Q 食事をするうえで大切にしていることは何ですか?

Ⓐ 好きな料理を好きなように、そして、行儀良く食べます。

Q 一番好きな家事と苦手な家事を教えてください。

Ⓐ 好きなことは掃除、嫌いなことは整理整頓。

Q お金との付き合い方で心がけていることは何ですか?

Ⓐ お金は重宝なものと思っています。やりくりしながらも使うものとしています。そのためにも働きます。

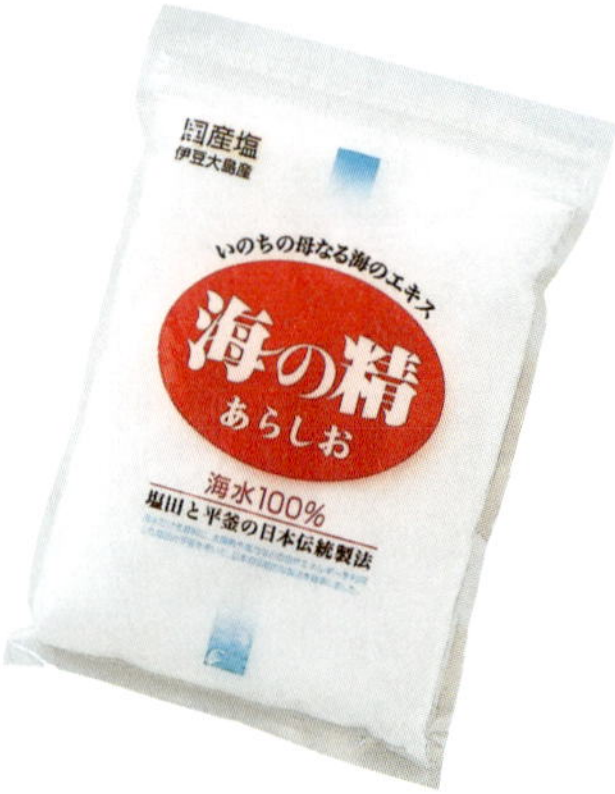

欠かせぬ調味料。(右上から)『丸中醤油』杉樽三年熟成しょうゆ、『飯尾醸造』富士酢プレミアム、『チェーザレ・ジャッコーネ』ワインビネガー、『パルンボ』エクストラバージンオリーブオイル、『海の精』海の精あらしお。

最近、ギャラリーで見かけて即購入した。若き鍛金作家、相原清子さんの台所道具は、どれもお気に入り。

ホルトハウス房子さんの暮らしのヒント

作る。食べる。片付ける。読む。観る。身体を動かす。房子さんの暮らしにはすこやかな身体と心をキープするヒントがこんなに。

今日はなにを

1 夕食に何を作って食べるかは、わたしにとって毎日の大事な課題です。お米をていねいに研いで炊いたご飯、きちんと手間を掛けた料理はおいしい。だから料理にかける時間は惜しみません。

2 わたしの場合、食事を作ってゆっくりと味わい、片付けるまでに3時間ほどかかります。そのため一日2食とし、一食一食を大切にしています。

3 作り置きはせず、電子レンジも持っていません。食べることが大好きなので、手を掛けて作ったものを一番おいしいタイミングで食べたいのです。

4 出汁とスープストックは必ずとります。ゆっくりと身体にしみわたり、食べ終えてもおいしい、そんなゆるやかなうま味があるので欠かせません。

5 魚は長年なじみの魚屋に届けてもらうようにしています。「これを」と注文するのではなく、その日とれた魚が届くので、旬の味わいをめいっぱい堪能できます。

6 素材のうま味と時間でき上がるような料理が理想です。それだけに、信頼できる旬の食材を手に入れることに気を使います。

7 毎朝7時にトレーナーに来てもらい、1時間運動をします。朝、身体をほぐしておくと、一日中身体が軽く、動きやすい。20年来の習慣です。

8 床の拭き掃除は運動と思うことにしています。「足を曲げずにやったらどうかしら」などと考えながら身体を動かしていると、掃除も楽しくなります。

9 電子メールは使えませんが、手紙が好きなので事足りています。

10 器や料理道具は、ほころびたら修理に出して長く使います。手を掛けるほど愛着が増し、ものはさらに良くなっていきます。

11 就寝前には本を読みます。読みそびれた朝刊を読むことも。文字を読んでいると心が鎮まり、気持ち良く眠れます。

12 若いころはよく、紀行文に書かれた場所を旅しました。これも読書の楽しみのひとつです。

13 地元に顔なじみの本屋があり、好きな作家の本などを常に取り置いてもらえ、重宝しています。大型店舗にはない、ありがたいサービスです。

14 テレビはほとんど見ません。次にこう言うだろうと想像がつくことがあったり、少し疲れるので。ニュースは新聞で読みます。

15 朝は忙しいのでお化粧は10分程度。時間をかけません。朝食メニューも前夜に考えておきます。

16 読み終えた雑誌は処分し、長らく未読の本は欲しい方に譲ります。ものに執着せず、こざっぱりと暮らしたいと思っています。

17 朝9時には家のことを整えて仕事を始めます。洗濯は、夜に手が空いたタイミングで。家事に引っ張られないように一日の時間配分を工夫しています。

18 ものを持たないように心がけていますが、器については例外で、「自分を呼んでいる」と思うときは買ってしまいます。出自は気にしません。所詮、女の買い物。好きか嫌いか、わたしにだけわかる値打ちがあれば、それでいいのです。

19 掃除は好きです。特に雑巾がけは、実家の母が「きゅっきゅっ」と音を鳴らして拭いていた動作が思い出され、わたしもよくそのように拭いています。

20 年に3〜4度、お能を鑑賞します。演者と観客がひとつになる一瞬があり、そこにたまらない魅力を感じます。じっくり堪能したいので、ひとりで観ます。

21 家のしつらいは色の相性を気にします。〝映りがいいかどうか〟が大事。花と花器と空間、洗面所のコップとブラシの相性にも、少々こだわったりします。

22 鍋ややかんをはじめ、台所用品はよく磨いています。道具は清潔に扱ったほうが長持ちします。

挿画　フジマツミキ

86歳　津端修一さん（自由時間評論家）

83歳　津端英子さん（キッチンガーデナー）

本当の豊かさは、日々、手足を動かす暮らしにあります

わたしたちの朝ごはん

畑仕事を終えたあとの食卓には、とれたての野菜が並ぶ。トウモロコシはひとり1本ずつ、オムレツも野菜入り。修一さんはご飯を、英子さんはトースト半分を食べる。「食事はそれぞれの好みを大事にしています」と英子さん。

今日の収穫。少しずつ、さまざまな野菜を育てる。

早朝の2時間、畑仕事に励む。250坪の畑は4坪ごとにきちんと区画されている。

小屋の作業台。携帯蚊取り線香は夏の必需品だ。

畑の傍らにある小屋には、道具類がぎっしり。整理が得意な修一さんの工夫が随所に。

できることは何でも、
自分たちの手で。
〝倚りかからず〟に
生きていきたいのです。

ワンルームの住まいは、35年前に修一さんが設計。足場丸太などの質素な材料を使って、豊かな空間を作り上げた。

わが家の〝預金〟は キッチンガーデン

津端修一さん、英子さん夫妻の一日を追うのは、それほど楽ではありません。86歳、83歳のおふたりは、とにかく一日中、めいめいに、めいっぱい動いているのです。英子さんがキッチンで朝食の後片付けをしている間、修一さんは、洗い上げたテーブルクロスを慣れた手つきで干している。畑に収穫に行く英子さんについて外に出ると、修一さんはいつの間にか、ベーコンを焼く手製の燻製炉に火を入れています。そして、「あと30分かな」とつぶやいて、室内へ。机に座り、手紙をしたため始めました。

「一日、動きずくめに動いて、ぐっと寝る。眠れないなんてこと、ありませんよ」と、英子さんは笑います。「60歳を過ぎたら、手も足も動かしていないとだめ。それは自分のため、寝たきりにならないためでもあるのよ」

「茨木のり子さんの詩のように、〝倚《よ》りかからず〟に生きたいね」と修一さんが続けました。

夫妻が暮らすのは、名古屋から電車で30分の距離にある高蔵寺《こうぞうじ》ニュータウン。その一画だけこんもりと雑木林となった敷地の中に、丸太小屋を連想させる小さな家が建ち、傍らには250坪もの畑が広がっています。実は、このニュータウンは40年前に、日本住宅公団にいた修一さんが中心となって設計した街。しかし修一さんは、「当時の開発はひどくてね、土地の表土

左から、土鍋は用途によって使い分ける。小さくても、機能的なキッチン。丸太を組んだのびやかな空間。お孫さんが書いた習字を飾っている。

左から、ベーコン作りの道具一式。ロープを引くと、焼き上がったベーコンが吊り上げられる仕組み。小屋の冷凍庫に詰まった、収穫物のストック。

を全てはぎ取って街を造成したんです。ぼくはぼくなりにその責任を取りたくて、ここに移り住んだ。庭の土作りをし、木を植えて、質素でも心地良い家を建てたんです」と話します。

以来、35年かけてこつこつと築いた、緑の中の半自給自足の暮らし。おふたりが「キッチンガーデン」と呼ぶ畑では、年間120種の野菜が実ります。畑の世話はもちろんのこと、次々と実る収穫物で保存食を作ったり、雑木の枝打ちをしたり、やるべきことは毎日いくらでもある。加えて夫妻は、贈り物やおもてなしをするのが好き。収穫物が姿を変えた料理、手作りのベーコンなどの大半は、全国各地の知人に宅配便で送られるか、お客の胃袋に収まるのです。

なんだか、うらやましいほど豊かな暮らしだと思われるかもしれません。そう、事実豊かなのですが、「うちには預金通帳がないんですよ」と修一さんはあっけらかんと言います。

「預金にあたるのがキッチンガーデンであり、保存食などの〝暮らしのストック〟なんです。〝思い出のストック〟というのもありますね」

誰かに手作りしたものを贈ったり、ごちそうしたとき、修一さんはそれをイラスト入りの記録に残し、きちんとファイリングしています。やがて届くお礼状も、同じくファイリング。

「これはぼくたちの宝物ですね。手間暇を惜しまない暮らしのなかで、自分たちの手で作ったものを差し上げること。それはお金を持つよりもずっと、豊かであると思っているんです」

（上）ワンルームの片隅にある、修一さんの書斎コーナー。チェストで囲われたコンパクトな空間は使い勝手が良く、「コックピット」と呼んでいる。（下）手芸が得意な英子さん。右の白糸刺繍は、最近、東京に住む娘さんと一緒に通信教育で習い始めた。織物は、羊毛を糸に紡ぐところから始める本格派。靴下は、ストールなどを織った残り糸で作った。

英子さんが織ったマフラーや靴下などを差し上げた記録。修一さんがかわいらしい絵を添えて記している。長年の付き合いがある食料品店『紀ノ国屋』のスタッフの方々には、マフラーを50本プレゼント。

夫婦の間には ちょっと〝隙間〟を作る

畑作りも家の修繕も、できることは何でも自分たちの手で。何もなくても、暮らしていける。そう話す夫妻は、自分たちのことを「チーム・風と土」と呼びます。「風」は、若き日はヨットマンとして鳴らした修一さん。「土」は、畑作りを主導し、料理や機織りなどの手仕事が大好きな英子さん。かつて、修一さんは年収より高いヨットをひょいと買ってしまったり、かなりの自由人でした。造り酒屋のお嬢さま育ちだった英子さんも、いきおいやりくり上手になり、ちょっとのことでは動じない、楽天的な性格になったのだとか。

半世紀、仲良く暮らしてきた秘訣は？　と尋ねると、「夫婦の間に、ちょっと〝隙間〟を作ることかな」と修一さんは言います。日中はそれぞれに、やりたいことにいそしむ。家のあちこちにある、「お風呂、忘れないで」「精米中」などと書かれた木製パネルは、そのなかで互いにそっと注意をうながす、心遣いの道具です。

「そうしてお互いに思いやれると、楽になりますよ」と修一さん。英子さんも、「わたしたちはお互いにひとり遊びが好き。毎日やりたいこと、世の中に発信したいことがいっぱいあるから、食事の時間、お茶の時間に顔を合わせて、また戻っていくの」と笑うのです。

夫妻が共に「世の中に発信したいこと」は、

先の先のこと、楽しいことを考えて生きれば、人生はだんだん良くなります。

仕事の手を止めて、ほっとやすらぐ昼食のひととき。「畑仕事のあとはビールがおいしいわね」と英子さん。

ある意味ひどくむずかしいことです。それは、「いまのライフスタイルを変えてみませんか」という呼びかけ。過剰なほど便利な都会暮らしが、いったい何を犠牲にしているのか。庭がないなら、ベランダのプランターで菜っ葉を育てるだけでいい、見えてくるものがあるのだと。また、自分たちと同じ年金世代には、「余りある〝自由時間〟を使い、畑作りをしませんか」と呼びかけます。年金に不満をかこつより、収穫物を子や孫に分け与えられるお年寄りが増えれば、社会は間違いなく安定すると話すのです。

そして、出会う人に手渡すのが、ハブ茶の種。どこでも育てやすく、収穫した種を煎れば、便秘解消に効果があると言われるお茶になります。

「これを飲んで、自分の健康は自分で作れるんだ、というところから、ライフスタイルを見つめ直すきっかけをつかんでほしくてね。自分で感じない限り、人は動かないものだから」

畑の傍らの小屋の壁には、「人は次の世代に役立つようにと木を植える」という古典から引いた言葉が掛かります。人が聞けば、理想論としか響かないかもしれない。でも、その理想をまっすぐに追い求め、手足を使って営んできた暮らし。それはやはり、まぶしいほど豊かです。

つばた・しゅういち　自由時間評論家。１９２５年、愛知県岡崎市生まれ。日本住宅公団、広島大学教授、名城大学教授などを経て、フリー評論活動を始める。
つばた・ひでこ　キッチンガーデナー。１９２８年、愛知県半田市生まれ。夫妻での共著の最新刊は『あしたも、こはるびより。』（主婦と生活社）。

暮らしの「大切なこと」を拝見します。

（左）朝の野菜ジュース作りにはフランス製のジューサーを愛用。絞ったあとの野菜くずは、畑のコンポストへ。（中）左の鉄瓶は、民藝が好きな英子さんが選び、10年来使い続けている。一方、右の純銅製ケトルは、何年もほしいと思い続けて、最近ようやく購入。ものは何でもじっくりと選び、長く使う。（右）今年初めて収穫した大麦は、さっそく煎って麦茶にした。

同じ質問、それぞれの答え。
津端修一さん、英子さんの場合。

Q　夜寝る前に読む、好きな本を教えてください。

Ⓐ　本は特に読みません。

Q　身体のためにいつもしていることを教えてください。

Ⓐ　快食、快眠。ストレスなく、夫婦仲良く暮らすことです。

Q　他人にしてもらって、一番うれしいことは何ですか?

Ⓐ　他人にしてもらうことではなく、「してあげられること」が一番うれしいのです。プレゼントが大好き、おもてなしが大好きです。

Q　生きるうえでの理念、ポリシーを教えてください。

Ⓐ　時をためて、だんだん美しくなる人生。ものは何でも安直に選ばず、本当に良いものを、たとえ買えるまで時間がかかっても得ること。自分の手で、暮らしの先を見据えたストックを作ること。それが「時をためる」ということです。

Q　元気のないとき、どうやって気持ちを切り替えますか?

Ⓐ　桃源万歳、万事如意。すなわち、キッチンガーデンのある暮らしは、万事うまくいきます。元気のないときはありません。

Q　食事をするうえで大切にしていることは何ですか?

Ⓐ　（英子さんの答え）昔から、朝ごはんはしっかりと食べてきました。毎食、野菜をたくさん食べるようにし、昼に肉を食べたら夜はお魚と、バランスをとるように気をつけています。実は修一さんは、野菜や果物をあまり食べるほうではなかったので、なんとか食べてもらいたくて、60歳を過ぎたころ、朝一番に野菜ジュースを飲む習慣を始めました。わたしは子どものころから腸が弱かったのですが、このジュースを飲むようになってから、改善されたのを感じています。

Q　一番好きな家事と苦手な家事を教えてください。

Ⓐ　ふたりとも、家事は何でも大好き。苦手なものは特にありません。

Q　お金との付き合い方で心がけていることは何ですか?

Ⓐ　預金もありませんが、借金もありません。人生は、お金を先に考えて動いてはだめだと思っています。

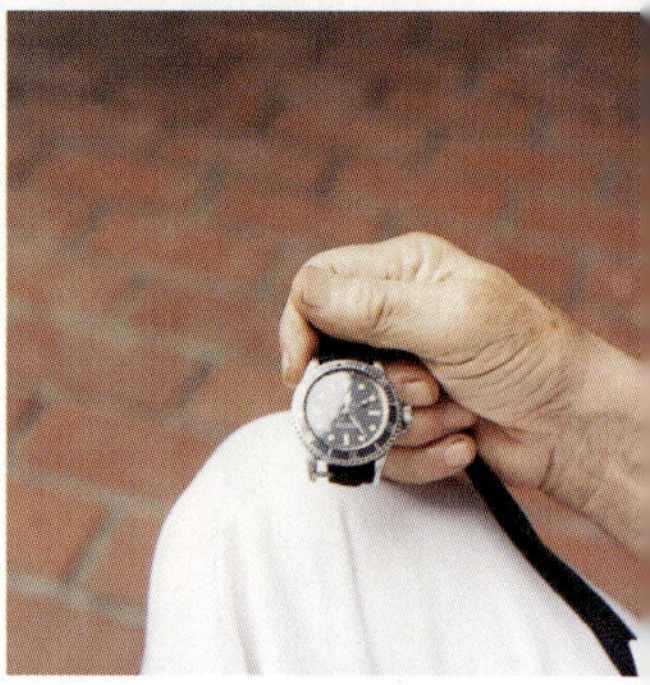

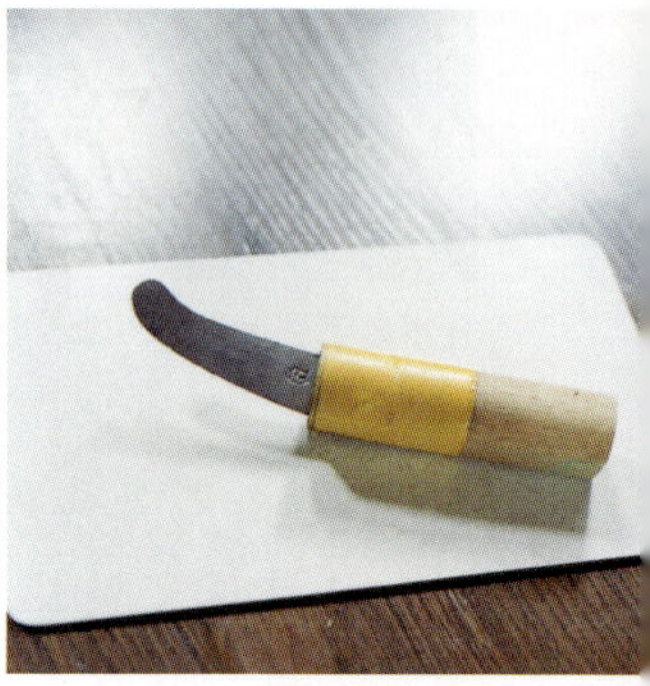

（上）修一さんが40年愛用するロレックスの腕時計。ベルトが壊れてしまい、「交換できるまでは」と懐中時計ふうに使っている。（中）新婚のころ、東京・新宿にある民藝品店『備後屋』で買ったナイフ。刃が短くなり、柄も取れてしまったが、修一さんが付け替えて、いまなお現役。（下）椅子やチェストなど、家具は全て松本民芸家具。椅子の座面は、英子さん手製の織物で張り直した。

（上）畑に来るカラスを追い払う。吹くのは、かつてヨットで使っていたラッパ。（下）庭の雑木林の水場には、キジバトなどの野鳥も訪れる。

津端修一さん、英子さんの暮らしのヒント

いくつになっても、
ずっと先に目標を置く。
人生は守りに入らず、
むしろ分け与える。
ふたりで紡ぎ出してきた、
本物の暮らしの知恵。

今日はなにを

1 炊事洗濯、畑仕事。昼にめいっぱい手足を動かして働くと、夜に眠れないことなどありません。日々のその繰り返しが、身体をすこやかに保ってくれます。

2 主婦たるもの、家族の健康を預かるのが仕事と、特に食事作りには気を配ってきました。肉や魚などはたくさんの量は食べませんが、自分が手に入れられる一番良い材料を使い、畑の野菜をたっぷり添えていただきます。

3 半世紀一緒に過ごしている夫婦でも、食の好みは異なり、どちらかが相手に合わせていると苦痛になります。だから、朝食はパンとご飯の両方を用意するなど、できるだけ双方が満足できる献立にします。毎日の食事は小さなことこそ、きちっとやったほうが良いのです。

4 毎日の食事を記録につけています。ふだんの食事、お客さまを招いたときのごちそう、そして旅行中の食事も。そうした記録は楽しい思い出になりますし、偏りなく食べるように心がけるきっかけにもなります。

5 佃煮やジャムなど、くつくつと長く煮込むものには、土鍋を使っています。ゆっくり冷める間に、味がじんわりしみ込みます。

6 旬の野菜は調理して冷凍保存しておきます。たとえば、じゃがいもはゆでてつぶし、牛乳やバターと混ぜて冷凍。すぐにスープにできて便利です。

7 ものは何でも良いものを選び、長く使います。家具であるなら、子や孫に手渡せるようなものを。すぐに買えなくても、間に合わせのもので済ませず、買えるときまで気長に待ちます。わたしたちはそれを、〝時をためる暮らし〟と呼んでいます。

8 古布を裂いたはぎれを用意しておき、家具の汚れに気づいたら、さっと乾拭きします。ときには、湯にひたして固く絞った布で拭き、湿り気を与えます。

9 テーブルにはクロスをかけ、傷や汚れを防ぎます。また、麻や綿の上質なシーツをクロスとして使い、古くなったらシーツにします。

10 夫婦であっても、角が立たないコミュニケーションがとれるよう考えます。たとえば、畑仕事で作業を頼みたいときなどは、畑にその合図となる旗を立て、相手がゆとりのあるときにやってもらうようにします。

11 夫婦それぞれに、夢中になれる世界を持つことは大事です。何十年と一緒にいても、互いを尊重する心に結びつきます。

12 ペンキ塗りや椅子の張り替えなど、できることは自分たちでやります。お金に頼らず、まず身体を動かすことを考えます。

13 畑仕事や手芸などの集中する作業は、決まった時間やったら、中途半端でも手を止めます。疲れを明日に持ち越さないための知恵です。

14 手作りの贈り物をしたときは、絵や写真入りの記録をつけ、お礼状も大切に保管します。そんな〝思い出のストック〟は、自分の心の支えとなり、気持ちを豊かにしてくれます。

15 住まいはあえてバリアフリーの造りにせず、段差に注意して暮らす感覚を身につけます。庭や畑の段差があるところには、目立つ黄色い印をつけて気をつけています。

16 年金生活が不安だと嘆くより、〝自由時間〟をいかに充実させ、次の世代のために役立てられるかを考えてみてください。生活を防御するより、分け与えるほうが豊かになれます。

17 何かを始めるとき、この年では遅いなどと考えません。目標がずっと先にあり、果たせるかわからない。そんなことをやっていくのが大事だと思います。

18 庭がなく、ベランダしかスペースがなくても、そこで小さな野菜を育ててみてください。自分の手で育てることで、見えてくるものがあります。

19 幸田文さんの著書で読んだ言葉「あとみよそわか」を心に置き、何かをやったら、あとを見届けることが肝要と思っています。

挿画　フジマツミキ

着物の魂

志村ふくみ（87歳　染織家）

今日袖を通したのは、40年ほど前に作った紬《つむぎ》です。草木染めの世界に足を踏み入れたばかりのころで、ひたすらに染め、機《はた》に向かいました。何度も洗い張りするうちにすっかりなじんで、いまでは肌の一部のように感じます。染めの色も、作ったばかりのころは緑の色が鮮やかだったのが、年月を経て変化してきました。化学染料ではある年月を経たところで一気に色が落ちますが、植物染料の場合は、人の髪が年々白くなるように、じわじわと色がさめていきます。それは「色あせる」というより「なじむ」というほうがふさわしいように思います。わたしと共に、きれも老いたのです。年を経るほどになじむ感覚は、洋服ではあまりないものかもしれません。

いま、着物を日常着にする人は少なくなりました。勤めに出ている人には着物で過ごすことはむずかしいでしょうし、何より洋服という楽な衣服を知ってしまうと、なかなか元には戻ることができないからです。それでも、着物は民族の魂なのです。眺めるよりも身につけてこそ美しく、日本という国に育まれてきたということが、纏《まと》う人に宿ります。この精神を伝えるために、いまどんな表現ができるだろうかと考え続けています。ときどき娘に「その考えは古い」と言われることがあります。そのたびに「そうか、この考え方はもう古いんだな」と思い、ならばどうしたらいまの人に届くだろうかと考えます。そのためには自分の主張をはっきり言い、同時に相手の意見にも耳を傾けることが大事だと考えています。

そんなとき、美術家の内藤礼さんの展覧会のことを耳にしました。その展示は、ちょっと変わっていました。たとえば何もない部屋に布が敷いてある、ただそれだけなのだそうです。けれどもよく見れば、そこには小さな紙が置いてあり、一言「おいで」と書いてある。その紙を手に、訪れた多くの若者たちが涙を流していたといいます。その紙片は、赤ん坊が生まれて初めて地上に降り立ったときの足裏の大きさだそうです。つまりは特別なものは何も使わずに、「ここへいらっしゃい、わたしはあなたがたと一緒です、待っていましたよ」と伝えていらっしゃるのだと思います。

内藤さんの展示は「芸術は高尚なものだ」という固定観念を取り払ったから、心に闇を持つ若い人たちにも響いたのでしょう。わたしたちの伝統的な手法も、時代と共に変わっていかなければ、受け継がれません。見る人のところまで、作る人が歩み寄ること。そのためには、やれ伝統だ作品だとあぐらをかいていないで、

取材　渡辺尚子

自分から扉を開いて動いていかなければならないのだと感じます。

ここ10年ほど、わたしの染織工房には、着物を着たこともなければ染織をしたこともないという若い人たちが訪れてきては、弟子入りを志願するようになりました。なぜ来たのかと問えば、わたしの書いた本を読んだのだと言う。そして「先生の生き方を学びたい」と切実な目を向けるのです。いま、こうした若い人たち数人と一緒に工房で仕事をしています。生き方を学びたいと言ってくれる人がいるのだから、わたしもいい加減な生き方をするわけにはいきません。この人たちときちんと会話するためにも、しっかり生きなければと思います。

わたしは、全ての人が芸術家だと思っています。染織をした経験のない人でも、工房に入ったその日から糸を紡ぎ始め、1カ月もすれば見事な反物を織り上げます。それは、たまさかその人だけが特別だったわけではないでしょう。小さな子どもだって、自力で遊びを生み出します。大人になると妙な先入観で押さえつけてしまいますが、それさえはねのければ、創造力が湧き出すはず。ひとりひとりの力を受け止め、生かしてあげれば、すばらしいものが生まれてくるのです。

機織りは、糸を綜絖《そうこう》（経《たて》糸を通す道具）に掛けるところから始まります。これはデッサンのような状態で、ぴんと張られた糸の上に、これから作るもののイメージがゆらゆらと浮かんでいます。いったん掛けた経糸は、途中で変えることはできません。ここに緯《よこ》糸を入れ、イメージを布の上に定着させます。経糸と違って、緯糸はそのときそのときで自由に変えて思いを差し入れることができます。定められた経糸と不定形な緯糸が交差して、布が織り上げられていきます。わたしには、経糸は先天的なもので、緯糸は現在生きている証とも感じられます。

人の手で作るものですから、絣《かすり》などを手掛ける場合には、多少ずれることもあります。そのずれがかえっておもしろいこともある。ずれには微妙なニュアンスがあります。たとえば完璧なものより少しやわらぐもの、人の手のやさしさとでもいうか、機械では出せないプラスアルファが大事なのです。ですから、織物を勉強するためには、むしろほかの勉強をしてほしいと思います。工房にいる若い人たちには「本物を見なさい。休日にはアルバイトなどせず、美術館に行くなどして目を養い、明日のために力を蓄えてほしい」と話しています。魂の入っているものは生きています。それらに触れ、しかもただ漫然と見るのではなく、心に刻むことが大切です。

わたしの人生は、仕事が全てです。食事の支度や掃除は、人様の手本になりません。ひたすら仕事だけに打ち込み、この年まできてしまいました。それでも若い人たちが求めるなら、一緒に汗を流したいと思います。そしてわたし個人の芸術を、今度は共同体の文化として次の世代へ継いでいきたいと願っています。

しむら・ふくみ　染織家、随筆家。1924年、滋賀県生まれ。31歳のとき、母の指導で植物染料と紬糸による織物を始める。83年、京都府文化功労賞受賞。90年、紬織で重要無形文化財保持者（人間国宝）に認定される。

絵　秋山花

希望の絵本

末盛千枝子（70歳 編集者）

『フレデリック』（レオ・レオニ作）という絵本があります。ほかの野ネズミが働いているのに、フレデリックはいつも景色を見てぼんやりしています。やがて冬になり、フレデリックは仲間に言います。「目をつぶってお日様の光のことを考えてごらん」……それで、みんなはなんとなくあたたかい気持ちになってくる。さらに「3月に誰が氷を溶かすの」「6月に誰が四つ葉のクローバーを育てるの」といった言葉が出てきて、みんなが「驚いたな、きみって詩人なんだ」と言う。フレデリックは赤くなって、「実は、そうなんだ」と言うのです。

この本は、こういうむずかしい時代に何が大事かを伝えてくれる気がします。フレデリックは食べ物の代わりに言葉を集めていました。それらは食べ物が尽きたとき、希望となって仲間たちの心を満たします。厳しい状況のなかで希望を持ち続けるのは、本当に勇気のいることだと思います。けれど、現実というものは、人間が考えていないようなことが起こるものです。悪いこともありますが、良いことも起こります。だから希望を持ち続けることが大切、と。言葉は魂の糧です。そして絵本というのは、まさにフレデリックのように、希望を語る詩人の役目があるように思うのです。

子どものころから言葉が好きで、気に入った言葉があるとメモをしていました。たとえば「宝島」を書いたR・L・スティーブンソンの「Give us courage and gaiety and the quiet mind.（勇気と明朗さ、そして穏やかな心を）」。このフレーズは特に気に入っており、額装して自宅の居間に掲げているほどです。また、ロバート・ケネディのお葬式のエピソードも心に残っています。棺を乗せた列車に多くの人が乗っていました。するとエセル夫人が、自分の悲しみに打ちひしがれているのではなく、車両の端から端まで、乗車した人たち全員にあいさつして歩いていたという記事がありました。「やさしい人」というのは、どんな悲しみがあっても、それを受け入れ、そこから何かを伝えていく。そういう人ってとても素敵だと思ったのです。

前の主人が亡くなったのは、突然のことでした。子どもたちはまだ小さく、わたし自身も立ち直るまでに3、4年はかかりました。夫に死なれるというのは最悪の状況ですよね。にもかかわらず、お通夜のとき「これからもむずかしいことは起きるだろうけれども、そのたびにそれを乗り越える力が与えられるに違いない」とふいに思ったのです。不思議な体験でした。

再婚してしばらく経ったとき、息子がスポーツの事

取材　渡辺尚子

故に遭い、身体の自由が利かなくなりました。わたしはうろたえましたが、彼自身が現実をきちんと受け止めようと必死になっていて、わたしにできるのは、そばにいることだけでした。そして、これほど運命的なことに出会った彼に与える一冊をと、息子のための絵本を手作りすることを思い立ったのです。といっても、絵を描くことはできません。わたしの父も弟たちも彫刻家で、芸術家に囲まれて育ってきたぶん、自分自身の絵の拙さが堪えがたかったのです。そこで、そのころとっていたイギリスの雑誌「カントリーライフ」から好きなカットを切り抜きました。このカットと好きな言葉を集めて絵本に仕立て、病院にいる息子に届けたんですね。あのスティーブンソンの言葉も収めました。息子がそこから何を思ったか、聞いたことはありません。「よくやるなあ」とは言っていたけれど。

当時のわたしは息子のけがで、再婚したことに負い目を感じたりもしていました。いまは夫になった人も軽い脳溢血で倒れたので、息子の看護だけに集中できません。夫となった人の娘は、本当に傷ついて育ってきていて、わたしがどこまで味方になってくれるのかいつも見ている時期がありました。すごくくたびれて帰ってきたときでも、「今晩は寝ることをあきらめて、この子の話を聞いてやろう」ということもありました。いまは彼女も本当に幸せなお母さんになっています。

そんななかで、息子の入院先へと車を走らせながらラジオを聞いていたら、ある哲学の先生が「幸せとは、自分の運命を受け入れることだ」と言っていたのです。びっくり仰天して、車を路肩に止めてメモをとりました。結局、悲しみを乗り越えるということは、そういうことだなと思いました。大変なことが起こったら、ときには逃げ出したほうがいいこともあるかもしれませんけれど、その事実をどのように受け止めることができるか。それが幸せかどうかだと思うんですね。そのためには、自分の身に起きた現実が自分にとってどういう意味なのかということを受け入れるまで、七転八倒するしかないのだと思います。

去年、すえもりブックスを閉じるしかなくなり、東京の家を整理して岩手に越してきました。もしかしたら八倒したまま終わるかもしれない。それは自分の不徳のいたすところで、でもそれはそれで受け止めるしかない。七転八倒しながらも、物事が落ち着くところに落ち着くまで、じっと待っていようといったところでしょうか。そんなとき、地震が起こったのです。

いまは、被災地の保育園や児童館に絵本を贈るプロジェクトに関わっています。本を携えて行くと、絵本を求める子どもたちが惨状の町なかを通ってやってきます。何冊もの本を抱え込む子もいれば、気に入った本が見つかるまで根気強く選ぶ子もいます。お母さんも一緒に選んでいます。きっと自分が子どもに読み聞かせしたものだったり、小さいころ読んでいた本だったりするのでしょう。そんなとき、絵本は子どもだけのものではないのだと感じるのです。

すえもり・ちえこ　１９４１年、彫刻家舟越保武の長女として東京に生まれる。慶應義塾大学卒業後、絵本の出版社に入社。結婚し、二児の母となる。88年、すえもりブックスを設立し、国内外の絵本を出版。95年に再婚し、２０１０年、岩手へ移住。

ぼくの家と民藝のこと

久野恵一（64歳　現代民藝監修者）

38歳のとき、鎌倉に家を建てました。母の持ち家を、「もっと住みやすい家にするから」と説得して、「もやい工藝」という店舗兼自宅に建て替えたのです。

それまでは店も3坪というこぢんまりとしたものだったし、妻子もいる。全国を旅しながら民藝の作り手を探し、作ってもらったものを仕入れて売るという仕事で、家を建てて果たしてやっていけるのかという不安がなくはなかったのですが、そんなことより、自分の好きなものを思い切りぶつけたいという気持ちのほうが強かったと思います。

ぼくは幸運なことに、美大在学中に民俗学者の宮本常一先生について各地を旅しました。その後、松本民芸家具の創始者であり民藝運動家でもある池田三四郎さんと出会い、民藝の世界を知り、現在の仕事をするようになりました。彼は、日本の伝統的な手仕事の良さを生かしながら現代の生活に合う家具を作るという新作運動を牽引した人です。ぼくも深く共鳴し、家具だけでなく、家もまたそうあるべきだと思いました。

伝統工法の家というとお金持ちの人しかできないと思われがちですが、若くてお金のないぼくのような者でも、伝統的な技術を持った職人と共に、手仕事の良さを生かした家を作れるのだということをなんとか人に伝えたいと思いました。町並みを壊さず、緑ととけ合い、季節がすぐそばに感じられる建物。けっして豪壮でなく、民衆的工芸の良さが生かされた、たとえば河井寛次郎の住まいのような、見えないところまで細かく神経の行き届いた家。できれば、これがモデルケースになって、自然素材だけで長く持つ、日本らしい美しい集落に似合う家が増えたらいいなと思ったのです。お客さんをはじめ、家作りに関わる職人や設計者ともその経験を共有することで、技術や価値観が代々継承されるよう願いました。

当時40代で、うちが棟梁として初めての仕事だった大工さんは、30年近く経たいまも、ぼくが主催する「手仕事フォーラム」に参加してくれています。設計家とはまず、全国の民藝館や小鹿田《おんた》、富山、出雲などの、ぼくがいいと思う家を一緒に見て回りました。石見《いわみ》の屋根瓦、土間の来待石《きまちいし》ひとつもこだわって探しながら。ぼくは図面を読めないので職人さんに聞きに行ったり、木材の買い方を池田さんに習ったり、能登では板壁の下地に煤と紅殻《べにがら》を混ぜたものを塗っていると聞き、富山から漆塗装工の知人を呼んだり、各地の民藝館の棚の配置を観察したり。毎日夢中でした。

あの家作りで学んだ経験ははかりしれないほど大き

取材　大平一枝

い。いまでもいろんな意味で自分の礎になっています。

たとえば家作りにはたくさんの業種の職人が携わっているのだということ。それを棟梁がひとまとめにしているのを見て、人の動かし方を学びました。また、職人同士が支え合って生きているということもよくわかります。竹細工ひとつ見ても、編む職人だけでなく、編むのに必要な刃物を作る鍛冶屋がいる。見過ごしがちだけれど、道具を作る職人がいるということを、自分の仕事の場面でも忘れてはいけないと胸に刻みました。毎日現場で職人と話しながら家を一軒建てると、少しは利口になる気がします。家作りも工芸の世界も同じなんですね。

家ができたとき、池田さんや倉敷民芸館館長の外村《とのむら》吉之介《きちのすけ》さんなどがお見えになりました。多くを語らぬ外村さんの「なるほど」というような表情を見て、とてもうれしかったのを覚えています。

さて、そんな思いをして建てた家ですが、実は一年の二分の一しか過ごせません。あとは旅をしています。55歳まで、旅先では職人の家に寝泊まりしていました。さすがにこの年になると、他人の家に泊まるのが申し訳ないのと身体的にもきつくなってきたのでホテルに泊まりますが、通算6000日以上、人生のうち丸16年間を他人の家で過ごした計算になります。全国を23年間旅した宮本常一先生から、「旅は他火（たび）である」と聞いたことがあります。旅とは、他人の家のいろりの火にあたらせてもらい、そこで語り合い、情報を交換することだと。

ぼくには忘れられない光景があります。工芸の仕事の駆け出しのころ、宮本先生が佐渡の調査をしていた縁で、佐渡の裂き織りをするおばあさんと出会いました。計良《けら》サツさんという人で、初めて彼女の作品を見たとき、色とりどりの裂き織りのなかでも、昔の藍の木綿のはぎれで織ったものにひどく心を奪われました。「藍だけで織ってもらえないか」と言うと「もう藍は佐渡ではとれんでのう」と言います。「じゃあぼくが集めます」と、それからお亡くなりになるまで藍の古木綿を届け続けました。サツさんの家に泊まらせてもらったのが、ぼくの〝他火〟の始まりです。帰る日、車のバックミラーから姿が消えるまで、サツさんはいつまでも手を振り続けてくれた。その姿がいまでも目に焼き付いています。このように、無名の作り手の気持ちや人柄がにじみ出た美しい生活工芸品があり、それを淡々と紡ぎ出す人が、日本にはまだ何人かいます。ぼくはもう他火にあたることはなくなったけれど、これからも全国各地を歩いてサツさんのような人と出会っていきたいし、民衆工芸を世のなかに伝えていきたいと考えています。

そんなわけで、工芸の間と称し、好きなものを飾って眺める部屋を作ったのに、いまだにそこでくつろぐ時間がなく、店のスタッフの休憩室になっています。いつかそこで麻雀をするのが夢ですが、まだかないそうにない。ぼくの工芸の旅はまだまだ続きますから。

くの・けいいち　現代民藝監修者。1947年、静岡県生まれ。武蔵野美術大学在学中、民俗学者の宮本常一氏に師事。72年、各地のすぐれた手仕事を集めた、もやい工藝を設立。74年、鎌倉市に移転。手仕事フォーラム代表。

もの選びのヒント
ずっと使っているものと
最近買ったもの

〔ずっと〕
ピザプレートと焼き網

〔最近〕
錦見鋳造のフライパン

ホルトハウス房子さん

台所道具は使い勝手と、フォルムの美しさで決めます

「この焼き網と鉄製のピザプレートはアメリカで買ったことは覚えているのですが、それがいつだったかまったく思い出せないのです。ピザを焼き始めたころで、楽しくて毎日のように使っていましたねえ」

房子さんは、懐かしそうに振り返ります。ピザだけでなく、いまでも肉や魚など何でも焼くので、網もプレートも油がしみ込んで、いい具合に厚みが出ています。長い時間が育てた道具だけが持つ風合いと使い勝手の良さに、「ほんと、感心しちゃうわ」としみじみ。

そんな房子さんはやはり、器や台所道具にはこだわって、よくよく吟味します。選ぶときのポイントは、使い勝手の良さと、何年経っても飽きないフォルムやデザインであること。最近、新聞記事で知って取り寄せ、大変気に入っているのは、錦見《にしきみ》鋳造のフライパンです。

「軽くて、持ち手のカーブが絶妙。重ねて収納できるうえ、焦げないの。それにほら、ちょっとしゃれているでしょう?」

プレート同様、長年の相棒になりそうです。

写真　田渕睦深　松本のりこ　一之瀬ちひろ　　取材・文　大平一枝　渡辺尚子

〔最近〕
ドイツ土産のカッティングボード

〔ずっと〕
スウェーデン製の皿

門倉多仁亜さん

身のまわりに置くのは思い出あるものと、長く愛せると確信したものだけです

数年前のクリスマスの日、多仁亜さんはお母さまから、きれいに包まれた贈り物をもらいました。中身は、幼いころからいつも実家の食卓にあった、このスウェーデン製の皿。

「あなたはこれが好きだったでしょう、と。子どものころ、食事の前のテーブルセッティングがわたしの仕事だったのですが、そのころのことを思い出させてくれるお皿ですね」

かつてはワンセットそろっていたのが、いまでは最後の一枚に。それを贈ってくれたお母さまの気持ちもうれしくて、ときどきお菓子などをのせて、大切に使っています。

一方のカッティングボードは、今年ドイツを旅したときに、さんざん迷った末に購入。ドイツ流の食事を味わうとき、ひとりぶんのハムやパテを盛りつけるのに愛用しています。

「そんなに迷って買ったのは、夫と自分のぶんの2枚だけ」と笑う多仁亜さん。ものを持たないわけではなく、〝何を持つか〟を決めている。身のまわりに置くのは、思い出あるものと、じっくり吟味したものだけです。

伊藤まさこさん

台所仕事の基本は頼りがいのある鋳物鍋。カラフルな鍋があれば食卓はいっそう豊かに

鍋は、伊藤さんの好きなもののひとつです。「気に入った鍋があると、重さも忘れて買ってきてしまいます。フィンランドや香港から抱えて帰ったものもありますね」

鍋でご飯を炊き、汁物や主菜をこしらえる。電子レンジがないので、おかずを温めるときも、まずは鍋を取り出します。

「なかでも鋳物鍋は欠かせません。一度火にかけておけば、余熱の力でおいしくなりますから。ひとり暮らしをしていた20代のころも、よく大鍋で煮込み料理を作ったものです」

どんなに忙しくても、温かいスープや煮込みがあれば……。疲れた身体をいたわってくれたのは、どっしりとした頼りがいのある鍋で作る料理でした。さて、最近食器棚に加わったのは、軽やかな色の鍋です。たとえばソーセージをさっとゆで、そのまま食卓へ。カラフルな色が、食卓を明るくしてくれます。

「持っているだけで満足してしまって、まだあまり使いこなしていませんが。これからゆっくり使っていきたいと思います」

〔ずっと〕
リーチ・ポッタリーのマグカップ、
小谷真三《こたにしんぞう》さん作の片口

〔最近〕
照屋佳信《てるやかしん》さん作のマカイ（飯椀）、欅のパン皿、
坂本浩二さん作の湯呑み

久野恵一さん

使いながら日々育つ、日常雑器の美しさを愛でる

新旧問わず、ひとつひとつの品に、それぞれ長い物語と思い出が内包されています。

「リーチ・ポッタリー（バーナード・リーチの製陶所）のマグは31年前、日本民藝館の学芸員の方からいただいた息子の誕生祝いです。子ども宛なのに、ぼくがほしくなっちゃってね。気がついたらずっと使っています」

こっちは小鹿田《おんた》焼の坂本浩二くんの湯呑みでね、膨らみが柔らかくて高台が広く安定しているんだ、彼の人柄がまた良くてね……。語り出したら止まらぬその表情の、なんと楽しそうなこと。欅の古材で作られたパン皿は、バターの油がしみて、年々いい色合いに変化していきます。そう、まさに、日々育っていくのです。きっと、久野さんにとっての愛着の物差しは、できの善し悪しだけでなく、すこやかさが垣間見えるもの。堂々としていて、力があり、ていねいに一心に作られたものにだけ宿る魂が感じられること。それが見える人の精神もまた、すこやかなるものといえそうです。

志村ふくみさん

日用の食器は良いものを。暮らしを確かに照らしてくれます

日ごろ使っている湯呑みの胴には、呉須《ごす》で一文字、「豊」と染め付けられています。「『豊《とよ》』は母の名前です。これは、母と親交のあった陶芸家、富本憲吉先生が母のために作ってくださったものなのです。良いものほど、しまい込まずに日常で使わないと。母も、毎日大切に使って慈しんでいました」

食器棚の扉を開けると、染付の器がぎっしりと。どれも豊さんが集めていたものです。

「母は柳宗悦先生から民藝の教えを受けました。わたしは2歳で養女に出されたものですから、母から直接民藝について教わったことはないのですよ。それでも血が流れているのでしょうね、こうした器に惹かれます。でも、一方でモダンなものも大好きなんです」

たとえば、北欧の食器。トーストが似合う明るい黄色の皿は、朝食の定番です。絵柄の入った小鉢は、ジャムを入れて。

「お国は違えど、民藝の器と共通しているんじゃないですか。暮らしのなかで、いきいきと主張している。そこが貴いと思います」

〔最 近〕
山善の精米機

〔ずっと〕
開化堂の茶筒

平松洋子さん

回り道の果てに出会った台所道具は、シンプルな働き者ばかりです

――ふたを下に押してゆくと、内側の空気がふわあっと、これまたかすかな抵抗感をともなって外に押し出されてゆくのが指先に伝わる。そして、ふたと本体が出合うと、寸分違わずぴしゃりと閉じられるのである。――

著書『平松洋子の台所』（新潮文庫）には、京都の老舗、開化堂の茶筒の作りがいかに精緻で、密閉性が高いかが伝わる見事な一節があります。湿気が入らないので、お茶とあごだし（飛魚の煮干し）を入れているそう。

「茶葉の香りが飛びません。徐々に鈍色《にびいろ》に変化するブリキの色味も好きですね」

最近購入して毎日使っているのは、山善の精米機です。

「玄米をその日のおかずに合わせて五分づきや七分づきにできるので便利です。余分な機能がなく、精米だけできて、幅20センチというコンパクトサイズなのも決め手でした」

できるだけシンプルで、一途にその役目を全うしてくれるもの。平松さんが台所道具を選ぶ視点は首尾一貫しています。

編集者の手帖

お元気でしょうか。ご好評をいただいた『わたしの暮らしのヒント集』の続編をここにお届けいたします。

『続・わたしの暮らしのヒント集』は、30代から80代までの著名人の方々に、暮らしを楽しく豊かにするための工夫や知恵といったあれこれを取材させていただき、写真を生かしたビジュアル版として一冊にまとめたものです。

お金を使って手に入れるものやことではなく、どんなこともおもしろく楽しくするための小さな工夫や知恵、何に対しても良いところを見つける心持ち、身のまわり全てにたっぷりとかける愛情などを、この一冊からささやかにお伝えできればと思います。

そのひとつひとつが、ああ、なるほどと、笑顔と一緒に、みなさまの今日の暮らしを新しくするきっかけになれたら、さらにうれしく思います。

取材をし、記事をまとめていて、ひとつ感じたことがあります。それは暮らしのヒントとは、どれもが人やモノ、自然を喜ばせるためのヒントであったという発見です。取材をさせていただいた方々はみな全て、まわりの人やモノ、自然のためへの一生懸命を、存分に楽しんでおられています。

いわばあたりまえのことですが、このたびの刊行に際して、そんなあたりまえな幸せの数々を、ひとつに集めることができたことに、取材を受けてくださったみなさま、編集、制作に関わってくださったみなさまに深く感謝する次第です。心からありがとうございました。

巻頭特集は、「リストランテ濱﨑」の濱﨑龍一さんに、工夫に満ちた、栄養たっぷりで身体にやさしい野菜料理を教えていただきました。ふだんの食卓にとても役に立ちますし、おもてなしにもおすすめできるレシピばかりです。どうぞお試しください。

取材をさせていただいた方々、それぞれを、六世代に分けてご紹介しております。まずは毎朝食べている「わたしの朝ごはん」から、記事は始まります。朝ごはんこそ、その方のライフスタイルをあらわすもの。どなたの朝ごはんも、まさにその方らしさがあらわれていました。

記事の終わりには、それぞれの方の暮らしのなかの「大切なこと」、そしてみなさんに同じ質問を投げかけて、答えていただいたお言葉を紹介し、「暮らしのヒント」で取材のまとめとしております。

「今日はなにを」という言葉が添えてあるように、この中のどれかひとつを今日試してみてはいかがでしょうか。十六人の方々の暮らしの場所は、都会であったり、自然豊かな場所であったりさまざまです。その土地ならではの暮らしぶりも見どころです。

「もの選びのヒント　ずっと使っているものと最近買ったもの」は、長く愛用しているものと、新しく手に入れたものを並べてみて、そこにどんなストーリーがあるかをお伺いしました。みなさんのずっと使っているものと最近買ったものが、とても仲良しに見える秘密をお楽しみください。

「暮らしのおはなし」では、染織家の志村ふくみさんと、絵本編集者の末盛千枝子さん、現代民藝監修者の久野恵一さんの、暮らしのエッセイを掲載させていただきました。その他「住まいのヒント」「食卓のヒント」「時間のヒント」など、読みどころ満載の特集が続きます。

今日もていねいに。（松浦弥太郎）

挿画　フジマツミキ

本書は、２０１１年12月5日に刊行した、別冊『続・暮らしのヒント集』を書籍化したものです。

デザイン
林　修三
鈴木拓朗
（リムラムデザイン）
カバーイラスト
伊藤絵里子
プリンティングディレクター
金子雅一
（凸版印刷株式会社）

続・わたしの暮らしのヒント集
平成二十四年十一月二十八日　初版第一刷発行
著　者　暮しの手帖編集部
発行者　阪東宗文
発行所　暮しの手帖社　東京都新宿区北新宿一ノ三五ノ二〇
電　話　〇三－五三三八－六〇一一
印刷所　凸版印刷株式会社

ISBN 978-4-7660-0179-2 C2077 ©2012 Kurashi No Techosha Printed in Japan